Técnicas de venta

Vendedor de éxito

Mejorar su vida

¡empieza aquí!

Antonio Costanzo

El hombre que usará su habilidad e imaginación

para demostrar cuánto puedo dar por un dólar,

en lugar de lo poco que puedo dar por un dólar,

está destinada al éxito.


(Henry Ford)

Con este libro quiero compartir contigo años de experiencia en ventas sobre el terreno, en diferentes sectores, en diferentes lugares, con diferentes personas, pero... con mucho en común, momentos de subidas y bajadas que me han aportado mucho y he decidido plasmarlo todo en estas páginas.

*Antonio*

*A Raffaella siempre cerca en todo,*

*a Verónica la esencia de todo.*

# Índice

# Introducción

Este libro es fruto de mi experiencia, he querido plasmar en papel no sólo mis conocimientos sino también todos aquellos trucos que pueden ayudarte en el sector de las ventas. Mi nombre es Antonio Costanzo y llevo más de quince años trabajando en este campo. Actualmente me ocupo del mercado B2b, es decir, de la relación con las empresas, pero en el pasado también me he ocupado del mercado B2c inherente a las ventas con consumidores finales.

A lo largo de los años he tenido la oportunidad de vender no sólo productos, sino también servicios. Durante la lectura no sólo tendrás la oportunidad de aprender más sobre este sector, sino que también podrás trabajar muchos aspectos que pertenecen a los vendedores de éxito desde el principio.

Este libro está dirigido tanto a vendedores que quieran perfeccionar sus técnicas, como a todas aquellas personas que quieran trabajar en este campo pero no sepan qué pasos dar.

El mundo de las ventas siempre ha sido fascinante, porque confiere una gran autonomía que hay que saber gestionar lo mejor posible, de lo contrario se corre el riesgo de dar algunos pasos en falso. Debo admitir que también da grandes satisfacciones, aún recuerdo cuando cerré mis primeros contratos, mis éxitos y los errores que cometí.

Este trabajo se compone de muchos altibajos, saber gestionarlo y ser consciente de ello es importante porque nos ayuda no sólo a vender mejor sino también a gobernar todas las actividades que giran en torno a la venta. Es un poco como estar delante de un espejo todo el tiempo, es importante recoger los elogios pero más aún analizar nuestros errores, porque es a través de los "no" como aprendemos a vender.

Para triunfar en este campo se necesita un *método,* no se puede improvisar como vendedores porque al primer contratiempo o al primer "no" se corre el riesgo de tirarlo todo por la borda. Algunas personas pueden tener ventaja sobre otras, quizá tengan más carisma, sean más simpáticas o menos tímidas, pero sepan que en cualquier caso sin *estudio y un método bien definido* nadie llega muy lejos.

La mayoría de los vendedores están convencidos de que este trabajo termina con la venta, en realidad no es así, la celebración del contrato es sólo uno de los pequeños aspectos de este negocio, es importante seguir al cliente incluso después, en cierto modo hay que cuidar de él y no abandonarlo a su suerte. Si haces bien tu trabajo conseguirás un cliente fiel a lo largo del tiempo y siempre serás su elección por una serie de razones que analizaremos en los próximos capítulos.

Como ya hemos anunciado, la venta se compone de varias etapas y vamos a analizarlas en detalle, pero no sólo porque voy a hablarte de la mejor manera de establecer una buena comunicación prestando atención a la comunicación no verbal. Cuando te acercas a una persona todo ocurre en cuestión de minutos. Si, por ejemplo, haces una buena presentación pero luego muestras inseguridad en alguna actitud, es muy probable que a la primera objeción del cliente te batas en retirada, encontrándote con que ese trabajo no es para ti.

Además, comprenderás la importancia; de la gestión del tiempo, de las herramientas tecnológicas para promocionarte o captar nuevos empleados. Pero también cómo lidiar con posibles disputas o quejas, para ser honesto hay muchos aspectos que hacen de un buen vendedor un *"vendedor exitoso"* y en los próximos capítulos quiero darte todas las herramientas para que tú también lo seas.

Sólo tienes que seguir leyendo para descubrir cómo perfeccionar tus habilidades y experimentar la satisfacción que esta industria puede ofrecerte cada día. Es cierto que hay muchos altibajos, sobre todo al principio, pero puedo decirte que si explotas bien el *"potencial"* del esquí alpino, ¡puedes llegar muy alto!

# Las etapas de la venta

El primer aspecto a tener en cuenta, además de los pasos presentados en este capítulo, se refiere al propósito que queremos alcanzar con el cliente potencial. Sin *un propósito* claro en nuestro interior, no hay venta. Existen seis fases en la venta:

1. La preparación de la reunión;
2. Primera impresión;
3. La capacidad de sacar a la luz las necesidades del cliente;
4. El argumento mediante la presentación de lo que ofrecemos ya sean servicios o productos ;
5. El tratamiento de las objeciones;
6. El cierre de la venta;

Además de las fases mencionadas, considero importante otro aspecto, a saber, todo lo inherente a *la posventa, ya* que, como he dicho en la introducción, un buen vendedor no se detiene en la conclusión del contrato, sino que sigue al cliente incluso después, de forma que se cree una renovación automática y, sobre todo, una fidelidad. Veamos cada etapa en detalle.

Primera fase _ la *preparación de la reunión*

Un error que cometen muchos vendedores o aspirantes a vendedores es la improvisación.

El día de la cita van al cliente e "improvisan", porque dentro de ellos creen que una bonita presentación del producto servida con unas sonrisas es suficiente, a veces este enfoque puede funcionar pero sólo si se aplica la ley de los grandes números, es decir, si voy a 100 citas es probable que cierre alguna, pero intenta preguntarte en tu fuero interno, si merece la pena en términos de energía y tiempo optar por la improvisación. En mi opinión, este enfoque no sólo es poco profesional, sino también ineficaz.

Mi objetivo es mejorar su profesionalidad y por eso considero esencial que haya una *buena preparación de* la reunión con el cliente potencial.

Un vendedor de éxito siempre intentará *mejorar* algún aspecto, incluso cuando se hacen muchas ventas y se cierran contratos siempre hay algún aspecto que se puede perfeccionar, con esto no quiero decir que debamos buscar la perfección sino sólo ser capaces de sacar lo mejor de nuestro potencial humano.

*¿Cómo es posible preparar una buena cita con el cliente?*

- Realización de búsquedas en Internet;
- Encontrar información útil en redes sociales como Linkedin, también echar un vistazo a otros canales para encontrar aficiones o intereses que podamos tener en común;
- Visite el sitio web de la empresa;
- Comprender las necesidades del cliente;
- Si nos fijamos en los contactos comunes, podemos utilizarlos en nuestro beneficio;
- Identificación de las figuras clave;

Todos estos elementos nos pueden ser útiles para entablar *una buena negociación de venta*, a través de la red podemos ver la página web y buscar diversa información, también es posible identificar a los competidores del cliente.

Entender quién es el cliente, cuáles son sus necesidades, su historia, etc., demuestra una gran profesionalidad por parte del vendedor, no estás ahí para presentarle un producto, sino que estás ahí para él, para resolver su necesidad.

Antes de acudir a la cita es fundamental identificar a las figuras clave, esto es muy importante porque de nada sirve hablar con una persona que no tiene poder de decisión, cuantas menos figuras tengamos como filtro más productiva será la reunión.

Sólo compran los que tienen poder adquisitivo, esta actitud por nuestra parte demuestra profesionalidad y nos hace perder menos tiempo, por eso le aconsejo que no tenga miedo de hacer las preguntas adecuadas.

La mayoría de las veces esta información está visible en el sitio web de la empresa, por lo que es esencial concertar una cita con una figura clave para prepararnos lo mejor posible sin perder demasiada energía ni tiempo. Son aspectos que pueden marcar la diferencia, sobre todo en las primeras fases de la conversación.

Segunda fase _ *la primera impresión*

La primera impresión en el "nuevo cliente" es muy importante, el objetivo es ganarse su confianza para estabilizar la relación. Un cliente fiel nos estima y confía en nosotros y en nuestros servicios o productos porque antes hemos hecho un buen trabajo, así que esta fase está más dedicada a los nuevos contactos, a los que aún no nos conocen. En esta fase, conviene aplicar técnicas de comunicación verbal y prestar más atención a la comunicación "no verbal"; es bueno tener en cuenta que lo que comunicamos a través del cuerpo tiene un peso del 70% durante la negociación.

Si no está acostumbrado a sonreír, le aconsejo que lo practique. Hablar con una persona con un talante abierto, confiado y sonriente predispone a los contratos y acuerdos.

La técnica del calco también viene en nuestra ayuda, como su nombre indica consiste en "calcar" ciertas actitudes sin caer en el exceso para favorecer un mayor acercamiento con el cliente. Por ejemplo, si él utiliza un lenguaje formal nosotros tratamos de utilizarlo también, el objetivo es que el otro se sienta cómodo para que podamos lograr nuestro objetivo.

Las primeras etapas de la venta, o me atrevería a decir, los primeros treinta segundos son esenciales, si conseguimos captar su atención en esta coyuntura nos escuchará, si no, se comportará de tal manera que desistiremos de continuar al cabo de unos minutos, a menos que se comprometa de repente y nos eche.

En estos segundos, es esencial crear condiciones favorables para construir la relación de confianza, transmitiendo empatía, seguridad y confianza.

En esta fase tenemos que identificarnos con el cliente, establecer en pocas líneas el deseo en él de seguir escuchándonos o hablando con nosotros. ¿Cómo hacerlo concretamente?

Yo siempre recomiendo mirar a nuestro alrededor, si vemos un trofeo, una foto, un certificado o cualquier otra cosa en la sala podemos utilizarlo a nuestro favor, si por ejemplo me gusta leer y me encuentro con una persona con la misma pasión que yo seguramente tendré más cosas en común que alguien que nunca abre un libro.

Dicho esto, conviene no pasarse, en el sentido de que no debemos mostrar interés o iniciar una conversación en un territorio del que no sabemos nada, si vemos un trofeo de pesca y ni siquiera sabemos cómo poner un sedal, no pretendamos ser pescadores consumados, porque corremos el riesgo de parecer ridículos o cometer algún paso en falso.

Este es un trabajo que nos empuja continuamente al autoanálisis, y es importante comprender después de cada visita qué puntos hay que mejorar marcándolos en una agenda para poder trabajar en ellos más adelante.


Tercera fase _ *La capacidad de sacar a la luz las necesidades del cliente*

En esta fase hemos conseguido que el cliente pase tiempo con nosotros, ahora es importante sacar a la luz sus necesidades para no convertir este momento en un "adiós y gracias". Un cliente no compra productos ni servicios, sino "soluciones a sus necesidades".

Si somos capaces de generar confianza y comprender sus necesidades manifiestas o latentes, tendremos posibilidades de éxito. Las necesidades pueden ser explícitas o no, el cliente no siempre es tan abierto como para hacernos saber lo que quiere, depende de nosotros comprender sus necesidades. En primer lugar, conviene precisar que la necesidad surge de un estado de necesidad, entre lo que tenemos y lo que nos gustaría tener. La falta de este "aspecto" desencadena en nosotros un problema o, al menos, nos hace vivir en un estado de malestar por la carencia que sentimos. El cliente puede ser abiertamente consciente de lo que necesita o no, cuando el cliente manifiesta una necesidad "latente" puede decirse que entra en juego la habilidad del orientador, que mediante el uso de preguntas abiertas o cerradas saca a la luz las necesidades del cliente.

Un ejemplo de pregunta abierta podría ser: "¿qué le parece este producto?" a través de esta pregunta se obliga al cliente a abrirse, lo que nos diga puede ser información muy útil a la que agarrarnos para argumentar mejor. Un ejemplo de pregunta cerrada podría ser: "me ha dicho que le parece interesante mi producto o servicio, ¿cree que le será útil?" si responde "sí" podemos seguir hablando entrando en la siguiente fase de la argumentación, si responde "no" es necesario averiguar qué se esconde detrás de su respuesta, formulando de forma cortés otra pregunta abierta para poder sacar a la luz más necesidades o entender los motivos.

En esta fase pero también en las demás es crucial la escucha activa, mucha gente habla pero muy pocos escuchan y esto es un error fatal en la venta. No se si alguna vez has hablado con una persona que no escucha lo que le dices porque solo le interesa contarte su idea o lo que le ha pasado, intenta recordar como te sentiste o lo que viviste si te sirve, debes saber que cuando las personas no se sienten escuchadas desarrollan la necesidad de alejarse del interlocutor para hacer otra cosa, si no prestas atención a este aspecto tu cliente hará lo mismo. No estás ahí para presentar lo que sabes bien sino para comprender las necesidades reales, explícitas o no, que tiene tu interlocutor.

Para facilitar la argumentación inicial, antes de la reunión podemos preparar algunas preguntas tipo en función de lo que estemos vendiendo, esta es una sugerencia que siempre hay que modular en función de la situación que vivamos en ese momento, si tenemos cuatro preguntas no necesariamente tenemos que presentar las cuatro, vender es captar las señales de la otra persona y reaccionar en consecuencia gracias a nuestras cualidades y preparación.

Cuarta fase _ *La argumentación mediante la presentación de lo que ofrecemos, ya sean servicios o productos.*

En esta fase tenemos claras las necesidades del cliente, ahora tenemos que presentar nuestros productos o servicios de la mejor manera posible, momento en el que es el propio cliente el que toma la decisión de compra.

La argumentación por nuestra parte tiene como objetivo presentar las ventajas de nuestro producto o servicio de la mejor manera posible, para lo que podemos utilizar una presentación en pdf o vídeos con una tablet, folletos u otras herramientas que hagan destacar y resaltar lo que decimos con palabras, para entrar en más detalles. Si hemos hecho un buen trabajo, nos espera la siguiente fase, que es la de las objeciones.

Quinta fase _ *El tratamiento de las objeciones*

En esta fase nuestro potencial cliente intentará poner entre nosotros y lo que le queremos vender las más variadas objeciones, esto ocurre en toda venta, si hay objeciones no significa que no seamos buenos, porque nuestra competencia se ve cuando conseguimos desmontarlas pieza a pieza haciéndolas realmente insignificantes a los ojos del cliente o al menos no con la importancia que él les daba.

Ya en esta fase, la escucha activa es importante si queremos eliminar objeciones y concluir con éxito la venta, no somos nosotros los que vendemos sino el cliente el que decide comprar, y es a partir de estas preguntas o dudas por su parte cuando comienza la verdadera venta, debemos demostrarle que lo que le proponemos no es sólo para él sino que puede resolver las dudas que tiene.

Un punto a nuestro favor es el conocimiento profundo de lo que proponemos, si nos mostramos poco preparados o dubitativos, el cliente nos arrinconará con continuos "no es" de los que nos será difícil salir. A pesar de las objeciones, nuestro enfoque debe ser siempre sonriente y orientado a entender las necesidades, sin dejarnos llevar por las prisas de querer dar una respuesta rápida a toda costa, ¡recuerda que no estás haciendo una competición!

También es importante mantenerse en un estado de acuerdo sin contradecirle ni posicionarse de forma hostil hacia él, por ejemplo, podemos decirle: "Me doy cuenta de *esta perplejidad tuya, pero esta podría ser la solución...*" o "*Comprendo el periodo pero me gustaría tranquilizarte sobre los pagos ofreciéndote esta solución. Los beneficios que obtendrá de ella pueden ser muy importantes para la consecución de su objetivo*". Puede ocurrir que a pesar de nuestros esfuerzos el cliente se decida por el 'no', es bueno considerar que este hecho no es una derrota sino que puede verse como un recordatorio de oportunidad.

Tenemos que ser capaces de hacer que el cliente quiera lo que le estamos proponiendo de tal manera que el precio pase a ser algo secundario, si conseguimos desintegrar todas las objeciones podremos dirigirnos a la última fase, la fase de cierre.

Sexta fase _ *El cierre de la venta*

El cierre representa en parte el final de nuestro viaje, hemos llegado a este punto porque hemos superado las objeciones y hemos conseguido establecer una relación de confianza con el cliente. Esta fase, a pesar de lo que se piensa, es muy delicada porque pueden entrar en juego varios factores, por lo que hay que tener la cabeza fría y despejada para formular inmediatamente la pregunta decisiva, como por ejemplo: "¿estamos de acuerdo, confirmamos el pedido? Firmemos el contrato para proceder".

Dependiendo del sector cada uno utiliza su propia fórmula para cerrar, pero lo que me gustaría destacar es que en esta fase no debe haber distracciones por nuestra parte, el cliente está convencido así que debemos llegar a una conclusión con una firma sin ningún miedo por nuestra parte.

Puede haber mil factores que interrumpan y corran el riesgo de echar por tierra todo nuestro trabajo, como por ejemplo; un cliente que entra en la tienda, un teléfono que suena, una persona que llama la atención, etc. Si el cliente no está convencido puede aprovechar esta situación para dejarlo todo para más adelante, así que lo primero que hay que hacer después de que hayamos superado las objeciones es conseguir que firme el contrato, tras lo cual podéis quedaros para hablar de otra cosa en un ambiente distendido en el que la negociación haya concluido con éxito.

A lo largo de mi experiencia he conocido a varios vendedores que eran excelentes en todas las fases iniciales pero flojos en el momento del cierre, y esto marca la diferencia entre un vendedor excelente y un principiante. Llegados a este punto, como he mencionado al principio, la venta no ha terminado porque aún no se ha producido, así que a partir de ahora hay que estar muy atentos para que todo el proceso previo a la venta se desarrolle sin problemas y a la perfección.

Es la fase de postventa donde tenemos que asegurarnos de que el producto o servicio se entrega correctamente, la atención al cliente debe estar siempre presente porque solo así es posible conseguir un cliente fiel que haya disfrutado de nuestros productos y servicios, sin olvidar que la confianza del cliente es la mejor publicidad que podemos tener en una labor de ventas.

# Técnicas de venta

En el capítulo anterior analizamos las etapas de la venta, que en resumen son;

1. La preparación de la reunión;
2. La primera impresión o impacto de los primeros treinta segundos;
3. La capacidad de sacar a la luz las necesidades del cliente mediante el descubrimiento;
4. La argumentación mediante la presentación de lo que ofrecemos, ya sean servicios o productos;
5. El tratamiento de las objeciones mediante preguntas abiertas o cerradas;
6. El cierre de la venta se materializó con la firma del contrato;
7. Posventa, donde es esencial hacer un seguimiento de la entrega del producto o servicio.

Las principales técnicas de venta deben incluir estos aspectos: los beneficios percibidos por el cliente y el hecho de que lo que le proponemos le solucionará problemas, todo ello en un ambiente cordial y de confianza. Las principales técnicas son;

- La técnica del resumen ;
- La técnica de visualización;
- La técnica del rastreo;
- La técnica del compromiso;

- La técnica del último minuto;
- La técnica de la escasez;
- Técnica de ensayo en condiciones especiales

*La técnica del resumen*

Esta técnica consiste en resumir brevemente todas las ventajas de nuestro servicio, habiendo argumentado previamente largo y tendido, ahora es el momento de centrarnos en los aspectos clave de nuestra propuesta. Esta técnica precede a la fase de concreción en la que formulamos la pregunta cerrada que impulsa al cliente a tomar una decisión. Como ya se ha mencionado, dependiendo del sector cada uno tiene su propia técnica de cierre. Esta técnica es una forma clara de ejemplificar los beneficios antes de la pregunta decisiva.

*La técnica de visualización*

Esta técnica nos permite, a través de nuestras palabras, hacer que el cliente imagine dónde se encontrará una vez que haya adquirido nuestro producto o servicio. Utilizando como ejemplo el campo que yo trato, que es el de los espacios publicitarios, puedo hacer que el cliente propietario de un restaurante imagine lo mucho que podrá ganar teniendo un anuncio en una zona de mucho tráfico, que además le permitirá aumentar la visibilidad de un determinado servicio que quiere ofrecer, como la entrega a domicilio de sus productos.

Hacer que el cliente imagine un punto final fácilmente alcanzable nos permite transmitirle el deseo de obtener la solución que le proponemos porque puede percibir una clara ventaja.


La técnica del rastreo

Cuando estamos en una negociación con un cliente potencial que puede hablarnos de forma pausada y prefiere una postura cómoda, es aconsejable no ser demasiado agresivo o rígido porque puede que el cliente no se abra del todo a nosotros.

La técnica del rastreo nos permite seguir el comportamiento del cliente incluso en actitud, procurando no exagerar. Todo ello permite establecer una atmósfera serena y relajada, en la que el diálogo y la escucha son los elementos más importantes.

Antes de continuar en nuestra presentación es imperativo que nos aseguremos de que tenemos toda la atención del cliente, si notamos que está distraído o mirando su reloj tratamos inmediatamente de que nos vuelva a prestar atención.


*La técnica del compromiso*

Esta técnica es muy útil antes de la fase de cierre porque vamos a proponer un compromiso al cliente para que se adhiera a nuestra oferta, es un poco como probar y luego verá que no puede prescindir de nosotros. Un ejemplo de compromiso podría ser el de la gestión de páginas sociales, en este caso puedo decirle al cliente durante seis meses te ofrezco un precio rebajado al 50 %, hay que decir que cada sector luego tiene su compromiso específico, pero el mensaje siempre es ofrecer algo a cambio de un mayor trato.

Una vez que las necesidades o problemas del cliente están claros no será difícil encontrar el compromiso adecuado, hay varias cosas que podemos proponer, desde descuentos a plazos, etc.

El cliente debe entender que nos estamos esforzando por llegar a un acuerdo y esto jugará a nuestro favor porque a nivel psicológico cuando haces algo por otra persona se siente en deuda, en nuestro caso este sentimiento termina con la firma del contrato si hemos sido capaces de observar e interactuar en el momento adecuado.

*La técnica del último minuto*

Esta técnica se aplica a las ofertas temporizadas, cuando psicológicamente percibimos el tiempo y alguien nos dice: 'sólo puedes conseguir este precio durante estos tres últimos días', la necesidad de poseer ese producto o servicio surge instintivamente en nosotros porque además de satisfacer nuestras necesidades también vemos el factor conveniencia que nos impulsa a la compra. Concretamente, podemos decirle al cliente;

- Por tres días más puedo darte este precio.

si recibimos un no o una incertidumbre, podemos insistir en que después no podremos hacerle el descuento que le hemos propuesto, pero lo más probable es que aún podamos conseguir un determinado porcentaje de descuento. En definitiva, el cliente debe percibir la conveniencia de cerrar el trato de inmediato porque si aplaza las condiciones que le hemos propuesto, éstas estarán inevitablemente sujetas a cambios. Además de la palanca del precio, podemos utilizar la palanca del regalo diciéndole que si concluye el pedido en una fecha determinada la empresa le regalará X productos.


*La técnica de la escasez*

Con este método hacemos que el cliente perciba que si se niega se perderá una muy buena oferta. La técnica de la escasez incluye todos aquellos mensajes en los que hay un número limitado de plazas o productos, el hecho de que sean pocos nos lleva a pensar que cuanto antes los consigamos mejor.

Se le puede decir al cliente que teniendo un determinado número de productos en stock se le dará un precio determinado, una vez agotadas estas reservas el precio volverá a niveles estándar y el cliente perderá la conveniencia del trato que le ofrecimos al principio. Volviendo a mi sector, podría decirle al cliente que sólo tengo dos espacios disponibles para un mes determinado, de modo que perciba la gran demanda y la mayor conveniencia para él.


*Técnica de ensayo en condiciones especiales*

Esta técnica nos permite dejar que el cliente pruebe el servicio o producto durante un determinado número de días con una pequeña condición, que puede referirse a cantidades mínimas de pedido o a otra cosa. Por ejemplo, podemos ofrecerle un mes de prueba gratuito con una suscripción mínima de tres meses a un precio especial. Lo que ofrezcamos al cliente entonces también depende de nuestro sector de ventas, pero en cualquier caso es fundamental poder transmitirle la ventaja que podrá obtener además de la resolución de su necesidad, normalmente cuando ofreces al otro algo extra siempre estás un paso por delante.

Todas estas técnicas son útiles al vendedor para llegar con éxito a la fase de realización de la venta, los métodos deben entenderse como un refuerzo de lo que estamos proponiendo al cliente, una forma de llegar más lejos en su beneficio haciéndole percibir una mayor ventaja en concluir en lugar de seguir posponiendo su decisión en el tiempo.

# Pirámide de Maslow

En 1954, el psicólogo Abraham Maslow propuso un modelo piramidal que describe la jerarquía de las necesidades, donde la satisfacción de las necesidades básicas es una condición importante para que surjan las necesidades superiores.

En psicología, la necesidad es la percepción de la carencia total o parcial de uno o varios elementos que constituyen el propio bienestar. Hemos visto en los capítulos anteriores que durante la venta uno va a satisfacer una determinada necesidad, ésta es la condición primaria y esencial que subyace a cualquier forma de acuerdo.

Maslow situó las necesidades de cada persona por orden de importancia mediante este esquema piramidal. En la base de la pirámide están las necesidades "fisiológicas", como el hambre, la sed y el sueño, que mantienen el organismo en equilibrio, y en la cúspide están las necesidades de "seguridad", representadas por tener un hogar, un trabajo y sentirse seguro.

Las necesidades fisiológicas y de seguridad se consideran las necesidades primarias, si éstas no están cubiertas, las superiores no tienen tanta importancia porque uno tiene otras necesidades más acuciantes que resolver.

En el tercer y cuarto peldaño de la pirámide encontramos las necesidades sociales, que tienen que ver con el amor, la amistad o el deseo de ser aceptado o sentirse parte de algo. En la cúspide están las necesidades espirituales, que se refieren no sólo al lado místico, sino también al deseo de justicia, belleza y bondad.

Como vendedores, podemos utilizar esta pirámide para comprender dónde se sitúan las necesidades de nuestros clientes y, sobre todo, dónde podemos situar los servicios o productos que ofrecemos. Vender como mencioné al principio tiene como objetivo satisfacer una necesidad, si eres capaz de entender al otro puedes lograr hacer un trato eficiente y productivo.

# Gestión del tiempo y concentración

Vilfredo Pareto llegó al principio 80/20 analizando la distribución de la tierra en relación con los niveles de renta, de su análisis pudo concluir que sólo el 20% de la población poseía el 80% de la riqueza. Esta hipótesis puede aplicarse a todos los sectores, incluida la venta.

Siguiendo este principio, se puede decir que el 20 por ciento de su actividad generará alrededor del 80 por ciento de los resultados, en términos simples, si usted tiene en su programa diez puntos a perseguir sólo dos de ellos serán más productivos y eficientes que los ocho restantes.

La mayoría de las veces las actividades más productivas son también las que requieren un mayor esfuerzo por nuestra parte, sin embargo el principio de Pareto nos invita a reflexionar sobre la tasa de éxito que podemos alcanzar, esto debería motivarnos a elegir las actividades más productivas que pueden marcar una diferencia real en el negocio que hacemos.

¿Cómo hacerlo? Es bueno empezar programando todos los compromisos/actividades que nos pueden aportar resultados tangibles, más adelante podemos dedicarnos a las cosas pendientes si no hemos tenido ocasión de delegarlas.

El Principio de Pareto va de la mano de una gestión óptima del tiempo. Por desgracia, no todas las personas gestionan bien este recurso y los efectos negativos se traducen en fracasos frecuentes, insatisfacción y estrés.

Según este principio, sólo el 20% de las tareas que realizamos cada día consiguen generar resultados, por lo que, para que nuestra actividad dé sus frutos, debemos gestionar nuestro tiempo lo mejor posible. ¿Cómo hacerlo?

- Aprender a delegar tareas no urgentes
- Crear una lista de tareas pendientes
- Utilizar la matriz importancia-urgencia

A todos nos gustaría tener una jornada de 48 horas sin sentirnos cansados, pero como todos sabemos esto no es posible, por lo que no debemos culpar al tiempo viéndolo como un enemigo, de hecho, puede ser un gran aliado si sabemos aprovecharlo.

Se puede comparar el tiempo con el agua, esta metáfora es útil para comprender su importancia. Si tengo que cuidar varias plantas y dispongo de una regadera, tengo que dosificar bien la cantidad de agua que utilizo, de lo contrario algunas plántulas crecerán más lozanas que otras. Este razonamiento nos sugiere otro concepto importante relativo al equilibrio si gestionamos mal nuestro trabajo o nos quitamos demasiado tiempo nos encontraremos más estresados e insatisfechos y en ese momento todos nuestros esfuerzos no producirán los resultados deseados.

La mayoría de las personas tienden a querer gestionar todas las tareas, sobrecargándose así con demasiados compromisos. En realidad, existe una herramienta que puede ayudarnos y es la delegación. Saber delegar es una cualidad importante en el mundo laboral porque ayuda a los demás a empoderarse y al mismo tiempo nos permite concentrarnos en asuntos más importantes.

El segundo punto que he mencionado anteriormente se refiere a la creación de una lista de tareas pendientes, esto no es más que una lista de cosas que hay que hacer, poner las tareas importantes por escrito puede ayudarnos a entender aquellas que hay que tratar primero y las que pueden esperar.

El tercer punto es; la matriz importancia-urgencia. En esta tabla tenemos en el eje de ordenadas el concepto de importancia y en el de abscisas el de urgencia, en base a estas características podemos situar nuestras "cosas por hacer" en una casilla respecto a otra.

Por ejemplo, una tarea puede ser importante pero no necesariamente urgente en ese momento, por lo que si sabemos colocarla en la posición adecuada, nuestro tiempo y eficacia también mejorarán.

| **Importancia** | Importante urgente | Importante no urgente |
|---|---|---|
| | Urgente no importante | No importante No urgente |
| | **Urgencia** | |

Veamos concretamente cuáles son nuestras tareas:

*Importante y urgente: las* actividades importantes que tienen un plazo inminente, no pueden posponerse y deben gestionarse bien y a tiempo deben colocarse en este espacio.

*Importantes y no urgentes:* las actividades que son importantes pero no tienen un plazo inminente se colocan en este espacio, para poder planificarlas a lo largo del día o de la semana.

*Sin importancia y urgentes:* en este espacio podemos colocar las tareas que tienen una fecha límite pero que no son importantes, una posible solución para todas estas tareas puede ser delegarlas en otras personas o hacerlas más tarde.

*No importantes y no urgentes:* en este espacio podemos situar aquellas actividades que mantienen un aspecto secundario, también para ellas la delegación surge como una herramienta óptima para la gestión cada vez más eficaz de nuestro tiempo.

Siempre es aconsejable centrarse en aquellas actividades que generan más resultados, por ejemplo, si tenemos un objetivo de ventas de 20.000 euros en un mes, ¿qué actividades pueden ayudarnos a generar ese volumen de negocio? Las enumero a continuación:

- Visitas a clientes potenciales (importante)
- Actualización del sitio web (urgente)

Si el objetivo es vender, es mejor dedicar tiempo y energía a visitar a los clientes potenciales, por lo que no tiene sentido actualizar la página web o dedicarse a tareas de secretaría; podemos delegar fácilmente estas tareas en un compañero de trabajo para conseguir nuestro objetivo lo antes posible.

---

La satisfacción personal es el ingrediente más importante

del éxito".

_Denis Waitley_

---

Además de un método, el trabajo también requiere organización mental; no podemos realizar mil tareas al mismo tiempo, ya que corremos el riesgo de dejar alguna sin terminar.

La mayoría de las veces, la productividad se ve mermada por los malos hábitos, que nos dejan esa sensación de no haber hecho lo suficiente, agravada por la sensación de estrés y agobio por el exceso de compromisos que se acumulan. Nuestra vida puede convertirse en una obra maestra pero en muchos aspectos todo depende de nosotros, ¡recuerda siempre que si quieres puedes!

# Técnicas de comunicación verbal y no verbal

En este capítulo hablaremos de los principales canales de comunicación, que son el no verbal, el paraverbal y el verbal.

*Canales de comunicación*

| No verbal | Paraverbale | Actas |
|---|---|---|
| Mira | Volumen | Palabras y frases |
| Expresiones faciales | Tono | Lengua: gramática Semántica y sintaxis |
| Gestos | Ritmo | |
| Postura | Energía | |
| Proxémica | Cadencia | |

Es importante saber comunicarse correctamente, sobre todo cuando se realiza un trabajo en el que la comunicación es uno de los elementos primordiales.

*La comunicación no verbal* representa un verdadero lenguaje que se habla con nuestro cuerpo, es decir, con nuestra forma de estar, nuestros gestos, nuestra postura, pero también con nuestra forma de presentarnos. Podemos entender a quien tenemos delante observando todos estos factores, que nos dan información valiosa sobre nuestro interlocutor, pero por otra parte también debemos prestar atención a nuestra comunicación no verbal porque se basa en un intercambio mutuo por ambas partes.

A través de los gestos podemos expresar emociones y estados de ánimo, intente pensar en el efecto de una sonrisa o un ceño fruncido, se necesita muy poco para cambiar la percepción que la otra persona pueda tener de nosotros. El lenguaje no verbal también tiene una función reguladora en la comunicación porque nos permite gestionar las pausas y los cambios en el proceso de comunicación.

También nos comunicamos a través de otros elementos como:

**El look**: en cuanto a nuestra vestimenta, debe ser lo más neutra posible, es bueno elegir ropa que no esté demasiado de moda ya que nos dirigimos a un público lo más amplio posible. También nuestro coche no debe ser un supercoche sino un vehículo normal para no incomodar a nadie.

**La mirada** y las expresiones faciales: el movimiento de los ojos puede darnos mucha información sobre nuestro interlocutor pero también sobre nosotros mismos, en una negociación es bueno mantener la mirada en el cliente sobre todo cuando nos está hablando porque esto comunica nuestra total atención hacia él. En cualquier caso, el lenguaje corporal debe ser manejado e interpretado en su complejidad, ya que un movimiento no es suficiente para entender al otro, por ejemplo, si miro fijamente al cliente pero con las manos me rasco la cabeza o juego con algo, puedo comunicarle una atención fingida que puede resultar molesta cuando se percibe.

**Los gestos:** los gestos de la mano deben ser controlados porque si tienden a ser excesivos tienen el efecto de irritar a la otra persona, los gestos nunca deben ser directos, es de mal gusto señalar con el dedo índice a la otra persona porque puede implicar un gesto de acusación aunque no sea la intención, Te digo esto porque hay muchos gestos que hacemos casi automáticamente sin darnos cuenta, forman parte de nuestro patrón habitual, pero es bueno corregirlos si no están en consonancia con nuestro objetivo de negociación, el cliente debe sentirse siempre a gusto, nunca jamás debe sentirse molesto o irritado. En cuanto a los gestos es bueno utilizar la técnica del rastreo para acercarnos a la comunicación no verbal de nuestro interlocutor.

**Postura**: debe ser lo más recta posible para transmitir nuestra confianza a la otra persona. Prestar atención al uso de la proxémica haciendo un buen uso de nuestro espacio sin invadir el de la otra persona. Si nos situamos demasiado lejos de la otra persona, ésta podría interpretar nuestro comportamiento como un síntoma de inseguridad, pero también situarnos demasiado cerca podría comunicar agresividad si es nuestro primer encuentro y no existe la confianza necesaria.

*La comunicación paraverbal se refiere* a todos aquellos sonidos que emitimos durante una comunicación, el lenguaje se compone de palabras, gestos pero también del tono y la forma de expresarnos. La voz se compone de los siguientes aspectos: tono, frecuencia, ritmo, cadencia y también silencio.

Si hablamos demasiado rápido o utilizamos un tono demasiado bajo, corremos el riesgo de que el interlocutor no entienda casi nada de lo que le decimos, si, por ejemplo, el cliente es tranquilo y habla de forma pausada, conviene intentar adaptarse a su forma de hablar sin exagerar para no caer en el ridículo, sobre todo cuando una forma de hablar no nos pertenece.

No es fácil modular estos aspectos desde el principio, pero es importante saber comunicar bien y de la forma adecuada si queremos obtener resultados profesionales y no sólo eso, ya que la comunicación es necesaria en todos los ámbitos de la vida.

*La comunicación verbal* utiliza el habla y el lenguaje para transmitir nuestros pensamientos al oyente. Muchas personas piensan erróneamente que esta forma de lenguaje es la más importante, pero en realidad más del 70% de todo lo que comunicamos se produce a través de la comunicación paraverbal y no verbal.

Para comunicarnos bien y eficazmente, es bueno conocer la gramática correcta y la pronunciación de las palabras esto evitará que demos malas impresiones a los clientes. Es importante mantener una actitud positiva a la hora de comunicarnos, nunca hacer juicios negativos, por ejemplo si la web del cliente es fea, no le diremos directamente que es fea sino sólo que la web es buena pero mejorable.

Esta forma de comunicar pone a la otra persona de forma favorable hacia nosotros, si por el contrario desacreditamos conseguimos el efecto contrario de cerrarse en banda sobre lo que le vamos a contar. En lugar de criticar, es mejor destacar los puntos fuertes que podemos ofrecerles con nuestros productos o servicios.

En una comunicación, es útil observar el feedback, que permite comprender lo que el otro ha entendido realmente; si no lo tenemos en cuenta, corremos el riesgo de cometer un error fatal.

En realidad, cada día interactuamos con tantas personas, que si no conseguimos comunicarnos eficazmente al final del día es probable que experimentemos sentimientos de frustración causados por todos estos acontecimientos que nos hacen sentir ineficaces en lo que hacemos. Por todas estas razones, es realmente esencial saber comunicarnos bien en todos los ámbitos en los que interactuamos.

---

La mayoría de la gente piensa que "vender" es lo mismo que "hablar".

Pero los vendedores más eficaces saben que escuchar es la parte más importante de su trabajo.

_Roy Bartell_

---

Escuchar a nuestro interlocutor nos permite desarrollar la empatía, esta capacidad nos permite ir más allá de las palabras que se pronuncian porque sentimos a la otra persona a un nivel más profundo y somos capaces de leer entre líneas, percibiendo los sentimientos de la otra persona. En el lenguaje también debemos ser asertivos, es decir, debemos ser capaces de expresar opiniones respetando plenamente las de los demás, de esta manera nuestra comunicación será mucho más eficaz.

La asertividad es una habilidad relacional fundamental para el desarrollo de las relaciones, ya que en su base encontramos el respeto, la positividad y la cooperación, ser capaces de expresarnos sin imponernos a la voluntad de otra persona presupone el logro de una cierta confianza por nuestra parte para perseguir los objetivos que nos hemos marcado.

En la comunicación es aconsejable que nunca haya un monólogo sino más bien un diálogo, si no escuchamos a la otra persona lo más probable es que se aburra y pierda pronto el interés por lo que le estamos contando, este comportamiento para un vendedor puede resultar realmente fatal independientemente del producto o servicio que quiera proponer. La comunicación no son sólo palabras y conviene tenerlo en cuenta para ser un vendedor ganador.

# La ropa hace al hombre

En ventas se puede decir que la ropa hace al hombre, la importancia de la imagen en este sector debe ser capaz de generar emociones que favorezcan nuestro trabajo. Además de la apariencia, es importante ser resolutivo y evitar al máximo el condicional en el lenguaje, favoreciendo el tiempo presente o futuro.

Nuestra apariencia debe estar tan cuidada como nuestra vestimenta, y posando de la mejor manera posible creamos un terreno fértil para una presentación eficaz de lo que proponemos. A través del lenguaje verbal y no verbal tenemos que confirmar a la otra persona que somos decididos y que creemos en lo que proponemos.

En una presentación, es aconsejable evitar la expresión "mi producto podría..." en favor de "mi producto mejorará sus ventas". A nivel psicológico, si en primer lugar no creemos en lo que proponemos, la otra persona también se dará cuenta y no confiará en lo que le digamos.

Si, por ejemplo, vendo un producto adelgazante pero yo mismo no creo en su eficacia, ¿cómo puedo convencer a la otra persona si no quiero comunicarle mi inseguridad?

Lo que sí te puedo aconsejar es que reconozcas estos errores y los trabajes para que no vuelvan a ocurrir, practica tus presentaciones con tus familiares o frente al espejo, el arte de vender es como una actuación, sin pasarse, tienes que ser capaz de cerrar una buena reunión sin ningún contratiempo que pueda desvirtuar tus intenciones iniciales.

Cuando interactuamos con otra persona, sólo tardamos unos segundos en saber si podemos confiar en ella o no, este proceso de evaluación está condicionado por las convenciones sociales, nuestra experiencia y también por cómo somos de una determinada manera.

Numerosas investigaciones han demostrado que una misma persona vestida de forma diferente puede generar impresiones distintas en los clientes, lo que viene a confirmar la tesis inicial de que la ropa hace al hombre, porque cómo vestimos y cómo nos comportamos es el primer acercamiento que puede permitirnos tener un encuentro fructífero o cerrarnos el paso con un: "No me interesa, gracias". Esta capacidad nos ha servido en nuestro proceso evolutivo y sigue siendo útil hoy en día para saber si somos de fiar o no.

Presentarse de la mejor manera posible es importante porque, si bien es cierto que se tarda unos segundos en emitir un juicio, no es menos cierto que se tarda mucho tiempo en poder cambiarlo, y a veces nunca se consigue.

Nuestra imagen debe ser lo más acorde posible con la profesión que ejercemos y nos guste o no debemos ajustarnos a las convenciones sociales al uso, los demás nos clasificarán por lo que vean, así que la primera impresión es crucial si queremos alcanzar los objetivos de venta que nos hemos marcado.

# Organizar un viaje

A la hora de organizar la ronda de visitas, es importante centrarse en los nuevos clientes, porque mantener el ritmo de visitas a nuevos clientes potenciales es lo que también alimenta la motivación de un vendedor que da sus primeros pasos en este campo.

Los clientes potenciales pueden dar lugar a nuevas oportunidades de venta, en este sentido hay que evitar hacer lo que a mí me gusta llamar la "gira del lechero", es decir, quedarse siempre dentro de unos límites conocidos compuestos por las mismas personas y oportunidades.

Tiene sentido explotar zonas con un alto porcentaje de negocio o clientes potenciales relacionados con lo que vendemos. Organizar bien la visita implica una buena gestión del tiempo, evitar malgastar energía y recursos centrándonos en el verdadero foco de nuestro negocio.

Esta organización debe mejorarse con el tiempo, no es fácil y a veces resulta difícil incluso para los vendedores más experimentados. Si estás al principio de tu actividad, también te aconsejo que improvises, o más bien que sigas tus instintos; esto te ayuda a comprender mejor el territorio y la mejor manera de moverte. Después es bueno poder planificar la semana con unos días dedicados a la gira y otros a la organización de nuestra actividad; es bueno recalcar que cuanto más eficientes consigamos ser, mejores resultados obtendremos.

También hay que decir que no todas las oportunidades se pueden planificar, a veces surgen donde no las esperamos, por eso es bueno mantener un número predeterminado de visitas a nuevos clientes, por ejemplo en mi negocio intento visitar a unos diez clientes potenciales cada día, el tiempo restante lo empleo en visitar a un cliente ya adquirido para evaluar futuras renovaciones a realizar.

Cuando estoy en una zona para visitar a un cliente ya adquirido, no me detengo en esta tarea sino que intento ir más allá buscando otros clientes potenciales, nunca hay que subestimar este aspecto hay muchos negocios que se pueden abrir en tan solo seis meses, y es una pena no proponer los propios productos o servicios, estas son las oportunidades que pueden surgir en una visita y que necesariamente debemos saber explotar.

Si nos limitamos a una planificación detallada podemos perder oportunidades valiosas, es mejor interactuar con una mente abierta, es decir, sigo lo que he anotado pero al mismo tiempo también me preparo para acoger lo nuevo o lo inesperado. En el trabajo de un vendedor también existe la aleatoriedad y tenemos que tomar nota de ello.

Otra sugerencia útil se refiere a visitar a clientes satisfechos, este puede ser un buen momento para pedir referencias, si el cliente quedó contento con nosotros y nos aprecia como personas estará bien dispuesto a pasar los contactos que conozca.

Herramientas útiles son sin duda la agenda y el calendario; no cometas el error de fiarte sólo de la memoria porque se pueden cometer errores fatales.

Al principio, puede utilizar las llamadas telefónicas o el envío de emalies no para realizar la venta, sino para concertar citas. La venta debe realizarse siempre en persona ya que a través del teléfono no podemos transmitir todos aquellos mensajes que se producen cuando estamos presentes, sobre todo si estamos vendiendo servicios ya que la negociación debe ser de valor.

# Objetivos de las previsiones

Los objetivos nos ayudan a centrar la atención en lo realmente importante, pero antes de planificarlos debemos tener clara la meta que queremos alcanzar, porque navegar de vista en las ventas no es muy aconsejable. Para ser un vendedor profesional es bueno conocer los puntos clave que hacen posible serlo. Los objetivos son importantes, al igual que la gestión de las citas, el tiempo, etc. Todos ellos son elementos básicos que hay que mejorar de forma constante y constante en el tiempo para llegar a ser excelentes vendedores.

*Los objetivos deben ser:*

- Mensualmente
- Informes trimestrales
- Anual

Este cronometraje nos permitirá conocer mejor nuestro rendimiento, al ser vendedores nos pagan en función de los resultados que conseguimos y por eso tienen que ser cronometrados y medibles para que sepamos si lo estamos haciendo bien o si tenemos que mejorar algo.

Los objetivos mensuales pueden darnos la motivación adecuada, los trimestrales nos permiten saber si vamos por buen camino o no con nuestros objetivos de fin de año, y es bueno tener en cuenta el valor trimestral porque si es demasiado bajo corremos el riesgo de tener dificultades para alcanzar los anuales.

Los objetivos deben reunir unas características muy concretas para ser definidos como tales, en primer lugar deben ser alcanzables, todo lo que no pueda conseguir en términos de resultados no puedo definirlo como objetivo, sino que entra en el ámbito de los sueños o las hipótesis. Además, deben ser desafiantes y mensurables.

Fijarse un objetivo no significa seguir el supuesto: "me gustaría vender más", sino "en enero quiero alcanzar los 20.000 euros de facturación". Luego, según el sector de cada uno, habrá diferentes objetivos acordados con la dirección o no.

Si al final del mes no hemos alcanzado el objetivo, es necesario reflexionar sobre las posibles causas que no nos han permitido alcanzarlo y, a continuación, trabajar sobre estas carencias para que el mes siguiente sea mejor.

El objetivo debe suponer un reto porque debe motivarnos a hacerlo cada vez mejor, y luego podemos verificarlo midiendo lo que realmente se ha conseguido con respecto a lo fijado. En resumen, es importante marcarse objetivos si se quieren conseguir resultados, pero esto no es suficiente porque también se necesita una buena dosis de fuerza de voluntad para no rendirse ante las primeras dificultades. Además, es bueno ser ambicioso para poder alcanzar siempre nuevas metas.

Cuanto más fuerte sea el deseo en nosotros, mayor será nuestra motivación para empujar hacia el objetivo. En ventas como en otras cosas, es un mal hábito conformarse, por qué deberías conformarte con un determinado resultado si en tu interior sabes que puedes hacer mucho más, nunca dejes de cuestionarte y hacerte preguntas si quieres mejorar.

El camino que nos lleva a la meta puede estar tachonado de muchas pequeñas satisfacciones, la belleza nunca está sólo en la línea de meta. Cada reto nos traerá siempre una nueva lección, por lo que nuestra mentalidad debe estar a favor de aprender y mejorar todos los aspectos necesarios.

Los vendedores de éxito también son capaces de asumir la responsabilidad de sus decisiones para alcanzar sus objetivos con mayor eficacia. Podemos estudiar toda la teoría que queramos, pero en la práctica somos nosotros quienes tenemos que marcar la diferencia con el cliente que tenemos delante.

Nuestro camino también debe ser lineal con el tiempo, de nada sirve dar cien hoy y cinco mañana, el esfuerzo y el compromiso deben repartirse equitativamente. Por ejemplo, si hacemos dieta sólo dos días a la semana no podremos adelgazar, este razonamiento también se aplica al trabajo en ventas, si elegimos el camino fácil a la única persona que estamos engañando es a nosotros mismos.

La constancia nos motivará a intentarlo hasta conseguir los resultados deseados y luego dirigirnos a otra meta. Este trabajo tiene sus lados buenos pero también lados que requieren mucho esfuerzo y trabajo, sobre todo en la propia persona, pero si nos lo proponemos, los resultados no tardarán en llegar y la satisfacción que podemos obtener de ello compensará sin duda todo el esfuerzo y empeño que hemos puesto.

# Atención y retención de clientes

En este capítulo nos centraremos en los clientes, es decir, en cómo cuidarlos y descubrir nuevas necesidades sin olvidar los AddOns y el upselling. Este capítulo viene después del de objetivos por una razón concreta, en nuestra estrategia no sólo debemos tener objetivos de ventas sino objetivos en diversas áreas que siempre se relacionan con este sector, por lo que es conveniente centrarnos en las renovaciones, en los nuevos clientes, en los servicios o productos que ofrecemos, y en los pagos, evitando así clientes problemáticos o que nos puedan hacer demasiados impagos.

El seguimiento de los clientes también es muy importante, ya que no se les debe abandonar a su suerte una vez firmado el contrato, por lo que recomiendo tener noticias suyas con regularidad, anotar en la agenda una llamada o una cita telefónica para saber cómo va todo y si necesitan algo.

También en este caso, el diario es una herramienta valiosa porque nos ayuda a hacer un seguimiento de

- nuevos clientes con primeras citas
- clientes existentes con repetición de negocios y renovaciones

Se puede visitar a un cliente adquirido no sólo para vender sino también para cultivar una relación, un cliente satisfecho representa una gran oportunidad de crecimiento para nuestro negocio porque incluso sin querer nos hará publicidad y no se echará atrás cuando le pidamos que nos presente a algunos de sus colegas o conocidos.

En estas ocasiones es posible realizar actividades como AddOns o upselling. Cuando un cliente ya nos conoce y está satisfecho con nuestros servicios, nos resulta mucho más fácil venderle otras soluciones que puedan satisfacer sus necesidades.

Para muchos vendedores, pero también para algunos clientes, el upselling es una exageración. En mi opinión, forma parte integrante de la estrategia de ventas, pero eso no quita que haya que hacerlo de la manera correcta.

Cuando queremos poner en práctica esta técnica tenemos que preguntarnos: "¿cómo puedo ayudar a mi cliente a encontrar una solución mejor a su problema?"

Es fundamental pasar de este simple supuesto, es un poco como el amigo que te dice: "así estás bien pero si te pones esto estarás aún mejor", de esta forma no forzamos al cliente sino que le aconsejamos porque queremos que mejore, puede seguir nuestras palabras o no, la elección final siempre es suya, pero además creo que con este enfoque conseguimos que sienta nuestra cercanía y nuestro interés y es significativo cultivar las relaciones en este sentido.

Si combina esto con una estrategia de precios coherente y clara, con beneficios inmediatos tangibles para el cliente, sin duda tendrá muchas probabilidades de éxito en sus propuestas comerciales.

Cuando tenemos el enfoque adecuado con los clientes conseguimos retenerlos y al mismo tiempo satisfacer sus necesidades; se trata de un método coherente que nos permite tener una base sólida de clientes fieles que irán generando otros contactos y creando la base de nuestro éxito en este sector. Cuando se trabaja bien, los resultados nunca tardan en llegar y con ellos viene mucha satisfacción.

# Renovación de contratos

En este capítulo hablaremos de la renovación de los contratos, es decir, de las tasas de renovación y de los incentivos a la renovación. Como hemos visto, la venta se compone de varios elementos y fases, y uno de los más importantes es el de la renovación de los contratos.

Retener a un cliente es muy importante porque esto nos permite crear una base sólida y conseguir un cierto tipo de facturación a lo largo del tiempo, al igual que el mar se compone de pequeñas gotas de la misma manera debemos ver nuestra actividad de ventas donde las gotas son todos nuestros clientes.

La tasa de renovación es un elemento clave que hay que controlar a través de los objetivos que nos hemos marcado, podemos ir a ver a final de año cuántos clientes han decidido renovar su confianza en nosotros, con todos estos datos también podemos realizar una serie de análisis para entender mejor cómo va nuestra actividad comercial y qué puntos tenemos que renovar necesariamente.

En este caso, es una buena idea ponerse en contacto con los clientes que han renovado para agradecerles la confianza que han depositado en nosotros, pero, sobre todo, debemos ponernos en contacto con todos los que han decidido no renovar para entender las razones de su elección y ver si podemos ayudarles de alguna manera con una solución que les convenga.

Para retener a nuestros clientes a lo largo del tiempo disponemos de una herramienta importante, que es el incentivo de renovación. Así, si un cliente no quiere renovar, podemos crear una oferta de incentivo de renovación especialmente para él.

Por ejemplo: "si renueva su contrato se beneficiará de condiciones especiales reservadas para usted", esta técnica también se puede utilizar con los clientes que han decidido renovar su confianza un poco como una especie de recompensa que siempre funciona en marketing porque es una palanca psicológica importante.

Pongamos un ejemplo, si tenemos un cliente que renueva con nosotros por tercer año, podemos ofrecerle un bono que incluya servicios adicionales como prima de fidelización, no siempre es aconsejable ofrecer más descuentos porque si entramos en una batalla de precios cada año corremos el riesgo de no tener tampoco el margen mínimo para nosotros.

# Punto de equilibrio y mentalidad

La profesión de comercial más allá de que se encuadre como autónomo o no, no cambia el punto final, que es que te pagan en función de los resultados generados. Es inútil negarlo, se trabaja por gusto, pero sobre todo por ganancia, y a nadie le gusta perder el tiempo sin ganar nada.

Se obtienen beneficios cuando el volumen de negocio supera los costes incurridos. Al principio puede ser bastante normal encontrarse en una situación de pequeñas pérdidas, sobre todo en los primeros meses, cuando se dan los primeros pasos en el negocio y se cometen algunos errores que no permiten cerrar contratos rentables.

Huelga decir que cuando se consigue sumar el punto de equilibrio, también llamado umbral de rentabilidad, significa que los costes y el volumen de negocio son equivalentes. Aquí no se generan ni beneficios ni pérdidas.

Para obtener esta cifra, tenemos que restar los costes totales incurridos del volumen de negocio. Estos costes son la suma de los costes variables y fijos en los que incurrimos al realizar nuestro trabajo y, por lo tanto, tenemos que tenerlos en cuenta.

Independientemente de lo que vendamos, siempre tendremos costes fijos, entre los que se incluyen el alquiler de oficinas, el arrendamiento de vehículos, los seguros o los salarios del personal.

Los costes variables, que también cambian en función del trabajo que hagamos, incluyen: costes de transporte, costes energéticos, consumo de materiales, etc.

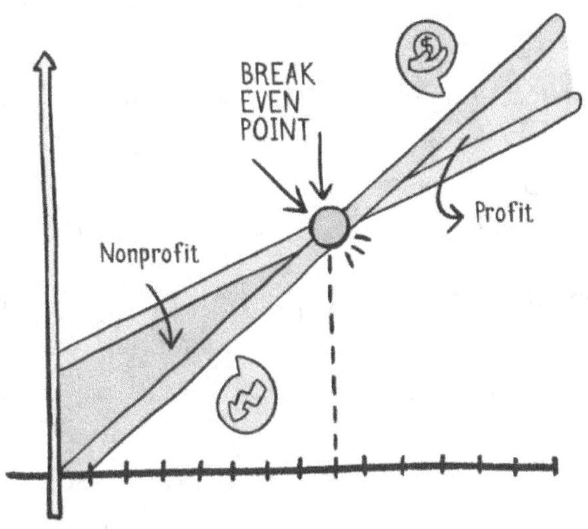



Los costes variables tienden a aumentar en función del trabajo que realizamos, si trabajamos más en un periodo es perfectamente normal que esta cifra aumente después depende de nuestra capacidad para generar beneficios. La suma de estos dos costes nos da los costes totales.

Este indicador nos dice si estamos trabajando de forma correcta o si hay algún aspecto que reconsiderar, es probable que si es demasiado bajo debamos aumentar nuestro esfuerzo de ventas combinándolo con una reducción de costes fijos o variables, para alcanzar el punto de equilibrio y luego superarlo, generando así beneficios.

Para hacer bien este trabajo también se necesita la mentalidad empresarial adecuada, tanto si tenemos nuestra propia oficina como si somos empleados, en las ventas el beneficio del agente es cuando consigue vender y para destacar se necesita la mentalidad adecuada también para afrontar las dificultades de la forma adecuada y aprovechar las oportunidades que se puedan presentar.

Ser capaces de desarrollar esta mentalidad nos permite alcanzar nuestros objetivos de forma más provechosa, y cuando ponemos en práctica esta visión, también cambia en cierta medida el enfoque de todos los demás aspectos de nuestra vida cotidiana.

La mentalidad se refiere a toda esa serie de condicionamientos que en cierto modo hemos asimilado a lo largo de nuestra vida, costumbres, pautas educativas, etcétera. Para vencer nuestros miedos tenemos que ir a trabajar sobre nuestro inconsciente, porque es ahí donde está su raíz. Nadie nace preparado ni perfecto y es bueno recordar que detrás de cada vendedor, sobre todo si nos fijamos en los que tienen mucho éxito, hay mucho trabajo.

Si, por ejemplo, sufrimos ansiedad, esto puede provocar malestar tanto antes como durante el trabajo, y luego afectar a nuestro rendimiento. La inseguridad, cuando no se resuelve, puede bloquear oportunidades realmente importantes. Para poder cambiar, debemos abordar todos los factores que nos bloquean.

El miedo se vence con conocimiento y práctica, manteniendo siempre una actitud mental positiva. El autoconocimiento es comparable a un verdadero viaje, a veces no es fácil pero si queremos tener éxito en esta profesión es realmente esencial.

Tampoco existe una estrategia única porque lo que puede funcionar para mí no tiene por qué funcionar para otra persona. Por lo tanto, si vemos que algo en nuestra metodología no funciona, debemos intervenir en lugar de desanimarnos. La mentalidad nunca es un punto final, sino un proceso continuo, una forma personal de enfocar las distintas situaciones.

*¿Cuáles son las características que debemos desarrollar?*

-Es importante ser positivo y flexible

-Tener un espíritu crítico consigo mismo

-Tener la curiosidad de ampliar la propia visión

Este tipo de negocio requiere un trabajo continuo sobre uno mismo. Convertirse en empresario de uno mismo implica una perspectiva fresca combinada con el deseo de marcar la diferencia, explotando los puntos fuertes para lograr el crecimiento.

Los contratiempos, los no es y las puertas en las narices siempre estarán ahí, pero depende de nosotros aplicar la mentalidad adecuada para superar estos momentos y poder aprovechar las nuevas oportunidades. En lugar de centrarte en las debilidades, empieza a fijarte en las fortalezas, psicológicamente somos más propensos a fijarnos en lo que nos falta en lugar de valorar lo que tenemos. Ser capaz de desarrollar tu mentalidad implica un profundo autoconocimiento.

Durante tu trabajo, no te centres en cifras elevadas, sino en la calidad de tus contactos, de modo que puedas alcanzar tus objetivos sin perder demasiado tiempo.

Además, nunca debe faltar en ti el deseo de aprender y mejorar, ¡normalmente los que sienten que han llegado nunca abandonan el punto de partida! Nunca pienses en pequeño, sino piensa y actúa a lo grande, esto te hará apuntar cada vez más alto hacia nuevas metas.

Empieza a eliminar todas las expresiones negativas de tu vocabulario, nunca pienses que no lo conseguirás, márcate pequeños objetivos que alcanzar, son cruciales sobre todo para reforzar la autoestima.

Cuando actuamos también podemos fracasar, el fracaso forma parte de la existencia y cuando ocurre lo único que tenemos que hacer es volver a levantarnos aprendiendo de nuestros errores. Si uno consigue actuar de esta manera, significa que hemos desarrollado una mentalidad en la dirección del crecimiento. Recuerda que se gana a través del compromiso y la conciencia, en el desarrollo constante de las propias capacidades.

Recuerda siempre que tienes que empezar por ti mismo si quieres efectuar el cambio y fomentar el desarrollo de la mentalidad adecuada, así que marca estos puntos:

- es importante lo que hagas hoy si quieres un futuro diferente
- Fomente su capacidad de reflexión y cultive su curiosidad
- El positivismo siempre ayuda
- No hay un único camino hacia la meta... ¡Recuérdalo!

- Si se quiere lograr un cambio, no sólo hay que planificar, sino también actuar
- Los obstáculos están hechos para ser superados

Los que triunfan no tienen suerte, sino que han sabido trabajar bien en sí mismos para aprovechar las oportunidades y así lograr posicionarse como vendedores... ¡Ganadores!

# Aprovechar al máximo las nuevas tecnologías

Con respecto al sector de las ventas hemos visto las distintas técnicas, enfoques, etc., en este capítulo hablaremos de la mejor forma de utilizar las nuevas tecnologías para obtener nuevos contactos y en concreto me refiero a:

- Marketing por correo electrónico
- Marketing social
- Linkedin

Como vendedor y sobre todo por experiencia propia, considero que las visitas en persona al cliente son una práctica insustituible, lo digo después de haber probado diferentes canales con diferentes funcionalidades.

En la venta directa es posible captar la atención del cliente potencial de forma más eficaz que con una llamada telefónica o un correo electrónico, con lo que no quiero decir que el e-mail marketing, las redes sociales o LinkedIn no funcionen, al contrario, se pueden utilizar para adquirir contactos cálidos acordes con nuestro sector. La elección en cada caso depende del servicio o producto que se ofrezca.

## Marketing por correo electrónico

La mercadotecnia por correo electrónico, como su nombre indica, utiliza el correo electrónico para comunicar mensajes comerciales sobre nuevos productos o servicios, información, etc. a nuestra base de datos de direcciones.

Las bases de datos de nombres son útiles cuando podemos crearlas en lugar de comprarlas a algún servicio externo, esta elección nos permite tener contactos potencialmente interesados en lo que proponemos y no completamente ajenos.

En el primer caso, cuando un cliente da su consentimiento para recibir información, expresa claramente su deseo de que volvamos a ponernos en contacto con él. En el segundo caso, podemos tener un cliente con determinadas características, pero no es en absoluto seguro que esté interesado en lo que le proponemos.

La herramienta del e-mail marketing es directa porque se trata de una comunicación personal, en este caso no publicamos un post donde los usuarios puedan hacer una reacción, aquí la relación es más íntima y dedicada. Dicho esto, es bueno recalcar que las comunicaciones no deben ser invasivas en ningún caso, no debemos inundar el buzón del cliente con mil mensajes porque corremos el riesgo de que además de dejar de leernos decida darse de baja.

Básicamente, hay dos formas de hacer e-mail marketing;

1.  Envío de correos electrónicos a una lista de contactos que han aceptado recibir comunicaciones nuestras, esta es la forma correcta de utilizar esta herramienta.
2.  Enviar correos electrónicos a personas que no han solicitado recibir comunicaciones nuestras, este método no es del todo efectivo porque hoy en día hay muchísimas comunicaciones y las no deseadas acaban directamente en el spam.

El marketing por correo electrónico es eficaz porque es directo y permanece en la bandeja de entrada del usuario a menos que éste lo elimine, lo que lo diferencia de una simple publicación en una red social que se acumula con otras tras varias publicaciones.

Con esta herramienta podemos crear un mensaje personalizado mediante ofertas, boletines y demás. Es posible segmentar el público objetivo en función de lo que propongamos, aumentando así la probabilidad de conversión.

Existen en el mercado varios programas informáticos con muchas funciones que nos permiten evaluar la eficacia de los mensajes que hemos enviado. Para iniciar una campaña de e-mail marketing no es necesario invertir mucho dinero, siempre con el uso de estas aplicaciones es posible fijar el presupuesto y monitorizar la conversión de cada una de nuestras acciones.

El e-mail marketing nos permite aumentar la confianza en nuestros clientes sin ser demasiado invasivos o intrusivos en sus vidas, en cuyo caso ellos elegirán si responden o no. El usuario final debe percibir un beneficio claro en esta relación y es importante por ello que cada una de nuestras comunicaciones consiga transmitir valor.

Por estas razones, se puede afirmar que el e-mail marketing es útil si queremos:

- Captar el interés
- Promocionar nuestras competencias, servicios y productos
- Convertir visitantes en clientes potenciales
- Generar publicidad adicional a través de la satisfacción del cliente

Si, por ejemplo, tienes tu propio sitio web, el correo electrónico es útil cuando necesitamos promocionar un nuevo servicio o producto, tener una lista de contactos relevante y segmentada puede ahorrarte algo de dinero en comparación con las campañas de Ads en redes sociales u otros canales. Es posible crear mensajes específicos para los nuevos usuarios, para los que han comprado una vez y para los que renuevan su confianza cada vez.

La segmentación nos garantiza una mayor eficacia, no tiene sentido enviar un correo electrónico con el producto o servicio X a clientes que acaban de comprarlo, restaría eficacia y profesionalidad a nuestro mensaje, podemos enviar a este público objetivo una newsletter con consejos específicos, etc.

Conviene no cometer errores en este ámbito, sobre todo los dictados por las prisas, corren el riesgo de enfriar incluso a los clientes más favorables.

El e-mail marketing no debe hacerse al azar ya que necesita un plan de acción. En primer lugar, debemos tener claros nuestros objetivos, podemos tener uno o más de uno pero deben ser específicos, de lo contrario corremos el riesgo de que nuestro mensaje no llegue a las personas adecuadas. Además, las personas tienden a distraerse si no tienen claro lo que tienen que hacer, lo más probable es que abandonen nuestro mensaje.

Nuestro objetivo es sin duda hacer ventas, pero es bueno saber que no todo el mundo está inmediatamente inclinado a comprar, lo que tenemos que hacer es crear las condiciones ideales para que esto ocurra, quizás en una cita cara a cara.

Recuerde: <u>en comunicación hay que ganarse la confianza ofreciendo valor.</u>

Una vez fijados los objetivos y bien segmentados los contactos de la lista, hay que decidir qué tipo de correo electrónico enviar, concretamente hay tres:

- Correos electrónicos de servicio
- Correos publicitarios
- Boletines

*Correos electrónicos de servicio*

Son comunicaciones de servicio que se hacen al cliente en determinadas situaciones, por ejemplo, cuando se suscribe al boletín, cuando realiza una compra, cuando hay una renovación o si necesita asistencia. Este tipo de correos electrónicos tienen tasas de apertura muy elevadas debido a su función altamente explicativa y al hecho de que están vinculados a una acción realizada por el cliente.

Dado que se trata de correos electrónicos que casi siempre se abren, es posible incluir en su interior un mensaje destinado a fidelizar al cliente proponiéndole algo o facilitándole información adicional.

*Correos publicitarios*

En este tipo de correo electrónico se incluyen promociones, descuentos y noticias para intrigar y atraer a los clientes a realizar una determinada acción. Entre otras cosas, es posible personalizar la oferta en función de las características perfiladas del cliente.

Este método de promoción, comparado con el clásico folleto publicitario, nos permite además analizar las métricas y saber, por ejemplo, cuántos usuarios han visto el mensaje, etc., para poder mejorar aún más nuestra estrategia.

*Boletines*

Este tipo de correo electrónico es sobre todo de carácter informativo y se envía periódicamente a los abonados que han dado su consentimiento para recibir esta información. ¿Qué se comunica mediante boletines informativos?

En general, enviamos información, sugerencias, consejos, etc., es importante que cada uno de nuestros mensajes transmita valor para fortalecer la relación con el cliente. La newsletter tiene un fuerte impacto a nivel psicológico porque crea una especie de cita con el usuario, suelen enviarse con una cadencia precisa y también son útiles para conducir más tráfico a la web o blog de la empresa.

Sea cual sea el tipo de correo electrónico que quieras enviar, tienes que tener clara la acción que esperas del usuario y ponérselo fácil. Para que esta herramienta dé resultados, es fundamental utilizarla de la forma adecuada en función de tus objetivos para captar la confianza de tus clientes.

**Marketing social**

Los medios sociales están omnipresentes en nuestras vidas pero también en las de nuestros clientes, podemos explotarlos para darnos a conocer y promocionar lo que hacemos a través del marketing social. Todas las personas pasan mucho tiempo en los medios sociales, por lo que es útil saber aprovechar al máximo estos canales, teniendo en cuenta además que cada uno de ellos tiene su propia especificidad.

Una buena estrategia debe tener en cuenta estos elementos:

- continuidad en la publicación de contenidos que deben tener un valor claro para el usuario, no tiene sentido publicar un post sólo cuando tenemos que vender algo, en social se establece una relación de continuidad con el usuario. La continuidad también es necesaria para mantener al público enganchado a nuestro perfil social, sobre todo si no aprovechamos el patrocinio de páginas, en cuyo caso la visibilidad de cada contenido se reduce y corremos el riesgo de hacer mucho esfuerzo para un resultado insignificante.
- Cuidar la imagen además del contenido aumenta la confianza en nosotros y facilita las acciones de marketing posteriores.
- La comunicación debe dirigirse a un público interesado de forma que aporte valor, informe, inspire y mueva a la gente a actuar.

La actividad en los medios sociales nunca debe estructurarse como una especie de pasatiempo, sino que debe tener una agenda propia, de lo contrario no sirve de nada. La información que se transmite también depende del tipo de social que se utilice, por ejemplo;

Instagram es la red social más visual por excelencia, aquí las fotos tienen que ser bonitas para que llamen la atención, puedes utilizar las redes sociales para mostrarte a los clientes de otra guisa, por ejemplo yo puedo ser un amante del senderismo y las caminatas y utilizar Instagram para mostrar mi afición, de esta forma puedo despertar la curiosidad de la gente para que quieran saber más de mí, en este caso comunico "tengo una afición propia pero también hago esto", esta técnica también ha sido utilizada en TikTok por muchas empresas con el objetivo de intrigar más que vender desde el primer impacto, de esta forma se crea una "relación", "tengo una afición propia pero también hago esto": "Tengo una afición propia pero también hago esto", esta técnica también ha sido utilizada en TikTok por muchas empresas con el objetivo de intrigar más que vender desde el primer impacto, de esta forma se crea una relación "virtual" que también se puede realizar en la realidad dependiendo de lo que se proponga.

que plataforma es la adecuada para ti depende del sector específico en el que te desenvuelvas, sobre todo donde están tus clientes potenciales, Instagram en comparación con Facebook es una red social con mayor presencia de gente joven, dependiendo de lo que te propongas puedes ir estructurando la mejor estrategia.

Presta atención al aspecto, la foto de perfil, la portada, la información y los primeros mensajes en la parte superior de la página de inicio son los más vistos por las personas que aterrizan en tu perfil por primera vez, si utilizas un apodo, tienes una foto de perfil poco clara y careces de información esencial es difícil que un cliente potencial te tome en serio.

Como vimos en los primeros capítulos, en una reunión es bueno mantenerse neutral porque no sabemos con quién estamos tratando, ¡y en las redes sociales ocurre lo mismo!

Cuando describas tu biografía intenta ser original, tienes que intrigar a la vez que transmites tu valor que te diferencia de todo lo que pueden encontrar en la red. Cuando publiques un post intenta dar la información de forma concisa, la gente es más propensa a leer posts cortos que muy largos. Cuando te presentes no te olvides de hablar:

- Sobre su sector y su función
- Sobre tus pasiones sin alabarte demasiado ni presentarte como el mayor experto del mundo.
- De cualquier cosa que te inspire o motive, por ejemplo para este punto es significativo incluir una cita que te represente, esas pocas palabras pueden crear inmediatamente empatía entre tú y tu audiencia

A los socialités les encantan los perfiles completos en los que nada se deja al azar; en Linkedin, los que cumplen estos requisitos se diferencian de todos los demás por el apelativo: 'All Star', un plus que permite aparecer el primero de la lista cuando un usuario busca un perfil con aptitudes similares a las nuestras.

Otro objetivo importante a implementar en las redes sociales es que nos encuentren, tenemos que dar a la gente una forma de poder contactar o llegar hasta nosotros. También utilizamos la función de enlazar varias redes sociales para que el usuario pueda obtener toda la información posible sobre nosotros y lo que hacemos.

**Linkedin**

Linkedin en comparación con otras redes sociales siempre se ha posicionado como una red social más corporativa y profesional, todos los profesionales para promocionarse y crear contactos y relaciones tienen un perfil aquí. Con respecto a Linkedin también he creado un video curso específico en la plataforma Udemy, que puede ser un buen punto de partida para profundizar en las nociones presentadas en este capítulo.

Linkedin nos invita a ser más conscientes aquí de que no podemos tener el mismo enfoque que en Facebook o Instagram. A continuación, te presentaré algunos consejos imprescindibles que creo que deberías tener en cuenta si quieres posicionarte en Linkedin.

- Es importante tener una imagen que transmita nuestra seriedad y competencia

La imagen representa el primer impacto que otra persona tiene sobre nosotros, por lo que debe ser profesional y cuidada.

Insertar una foto inadecuada o dejar este campo en blanco no es apropiado.

- La presentación tiene el mismo valor que la imagen

Además de la foto el probable visitante leerá sobre quiénes somos y qué hacemos, en este caso conviene no ser ni demasiado conciso ni demasiado prolijo, para superar el bloqueo de no saber qué escribir intenta imaginar una presentación real, ¿qué le dirías a otra persona? ¿Por qué un cliente debería elegirte a ti en lugar de a otro?

Diferenciarse es la mejor opción, cuando el usuario llega a nuestra página tenemos que darle la impresión de que hemos dado con la persona adecuada y normalmente cuando encontramos lo que nos conviene no sentimos la necesidad de seguir investigando.

- Hable de lo que propone

Las redes sociales son un excelente escaparate para hablar de tu negocio de forma que transmitas valor en cada mensaje además de crear interés, al fin y al cabo, ¿quién leería un mensaje aburrido? Además de texto, utiliza imágenes y vídeos para presentarte, cambiar la forma de tu comunicación también puede ser interesante desde el punto de vista de las conversiones.

- Tu perfil de LinkedIn no es lo mismo que tu CV

Muchos profesionales actualizan el perfil como lo harían para un CV normal, esta forma de trabajar es errónea porque carece de interés y no engancha. Es importante informar sobre la trayectoria profesional, los logros y las realizaciones para transmitir la dedicación a lo que hacemos.

- Amplíe su círculo de contactos

Uno de los propósitos de Linkedin es crear relaciones y conexiones basadas en lo que uno hace, cuantos más contactos relevantes se tengan, mayor sensación de fiabilidad percibirán quienes visiten nuestro perfil. Una forma de encontrar estas relaciones relevantes es unirse a grupos del sector dentro de la misma plataforma para conocer a personas potencialmente interesantes y probables futuros clientes.

- El perfil debe actualizarse constantemente

El perfil social debe actualizarse y visitarse al menos una vez al día, principalmente para consultar los mensajes y ser considerado un miembro activo de la plataforma. La participación debe ser de calidad para aumentar la sensación de confianza vinculada a nuestra imagen.

En conclusión, se puede decir que los canales sociales y el correo electrónico son importantes para nuestro trabajo, ya que nos permiten darnos a conocer a un público más amplio de personas, pero debemos tener en cuenta que siempre es recomendable no dar demasiada información.

En nuestras comunicaciones debemos generar curiosidad para que los clientes se vean tentados a interactuar con nosotros, si en una comunicación o en un post ponemos los precios de lo que proponemos, existe un alto riesgo de perder a todos esos clientes que muestran reservas y pasan página porque no tenemos forma de profundizar en sus necesidades o incluso de hacerles una contrapropuesta.

Si vendo servicios iré y crearé un post donde explique brevemente lo que puedo hacer por el cliente, para así generar interacción, si de lo contrario también añado mi tarifa, está claro que una parte de la clientela pasará de largo, esto es para deciros que siempre necesitamos una estrategia, lo social y también otros canales son útiles pero siempre debemos usarlos a nuestro favor porque cuando creamos un post no tenemos todas las oportunidades que nos da una interacción directa donde podemos entender la resistencia de la otra persona.

# Los mejores canales para encontrar nuevos contactos entrantes y salientes

En este capítulo hablaremos del método de búsqueda de nuevos contactos a través de los canales inbound y outbound, como puede ver en la imagen inferior, las diferencias son múltiples aunque el objetivo es siempre el mismo: conseguir nuevos contactos y darse a conocer.

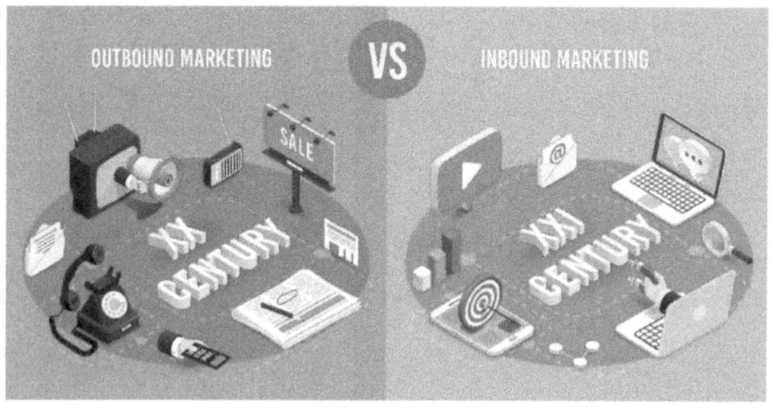



### Canales de entrada y salida

Estos canales no están obsoletos, de hecho se siguen utilizando hoy en día de forma rentable y se refieren a la publicidad en prensa, radio y televisión, telemarketing y correo directo. Los canales entrantes se refieren al marketing social, web y por correo electrónico.

El comportamiento de los consumidores unido a un desarrollo preponderante de la tecnología nos ha llevado a una mayor integración entre los canales outbound e inbound, hoy en día nadie utiliza uno en detrimento de otro sino que intentamos sacar lo mejor que nos pueden ofrecer en función de lo que nos propongamos.

La fuerza del canal de ventas salientes se basa:

- en el conocimiento y el respeto;
- sobre el cuidado del lenguaje y la apariencia;
- sobre el conocimiento de los canales publicitarios
- en el deseo de superar siempre los límites y plantearse nuevos retos.

La forma de comunicar empezó a cambiar con la llegada de Internet, hoy en día en comparación con el pasado, las páginas en la red se han convertido en el principal vehículo por el que se transmite la información, el objetivo nunca ha cambiado porque ha seguido siendo el de llevar al usuario a realizar una conversión.

La fuerza del canal de ventas Inbound se basa:

- para atraer
- con la participación de
- en la conquista

Para atraer a nuevos visitantes y posibles clientes, lo mejor es utilizar estas herramientas:

- el sitio web/blog enriqueciéndolo con información útil y pertinente
- el uso de SEO para un posicionamiento eficaz
- el uso de las
- el uso de campañas ADV

Para convertir las visitas en contactos rentables, lo mejor es utilizar estas herramientas:

- una página de aterrizaje
- acciones que permiten una llamada a la acción
- Chat Bots para asistencia inicial
- Demostraciones de lo que hacemos o proponemos
- Seminarios web informativos para crear aún más valor

Para ganar y solidificar la relación con los contactos adquiridos, lo mejor es utilizar estas herramientas:

- Marketing por correo electrónico sin actividad de spam, de lo contrario corre el riesgo de ser bloqueado
- Chat en directo para ofrecer apoyo y asistencia, hoy en día los clientes aprecian la rapidez cuando tienen preguntas o dudas
- Una comunidad para sentirse parte de un proyecto grande y atractivo
- Bonificaciones exclusivas que actúan como recompensa para el cliente y para nosotros por el futuro aumento de los ingresos.

Los medios de comunicación tradicionales han evolucionado con los tiempos. No hay más que pensar en las vallas publicitarias que vemos en nuestras ciudades: a las clásicas de papel se suman ahora las de LED totalmente digitalizadas. En comparación con los años noventa del siglo pasado, hoy hay muchas más estrategias de comunicación a nuestra disposición, y si por un lado nos facilitan el trabajo, por otro es necesario entender cuál puede ser más útil para nuestra estrategia.

Si bien es cierto que siempre estamos conectados, también debemos admitir que nos hemos vuelto buenos evadiendo la publicidad, para conseguir que la gente realice una determinada acción necesitamos que nuestro mensaje sea rico en valor y no siga líneas estándar que puedan hacerlo parecer despersonalizado. El cliente no es un ente aislado, hoy en día debemos esforzarnos por construir una relación, si falta algo el vínculo se rompe como ocurre con cualquier relación.

Podemos aumentar la confianza en nosotros mediante descuentos, regalos o servicios gratuitos, estas técnicas mueven el sentimiento de deuda en el consumidor, que es más propenso a emprender acciones contra nosotros.

Si las técnicas de outbound no se hacen de la forma adecuada, el comprador percibirá nuestra acción como una intromisión en su rutina diaria y ni siquiera nos escuchará, es muy importante tener el enfoque adecuado si se quieren exprimir los resultados.

Hoy en día, en comparación con el pasado, la gente utiliza la web para encontrar la solución que necesita, si antes el método de comunicación era pasivo, ahora ha cambiado y es mucho más activo y participativo.

El inbound marketing es una metodología que nos permite atraer a los clientes un poco como un imán. Para hacer crecer nuestro negocio, debemos ofrecer contenido de valor que sea relevante para el interés expresado por el cliente.

Las herramientas que tenemos a nuestra disposición son realmente muchas, podemos utilizar aplicaciones que nos permitan personalizar los mensajes enviados a través del e-mail marketing, si queremos aumentar la visibilidad de los contenidos publicados podemos utilizar patrocinios, estos nos permiten obtener un mayor flujo de tráfico en el sitio o donde lo necesitemos. Los datos de estas campañas de marketing se convierten entonces en objeto de estudio para comprender qué margen de mejora existe y qué errores pueden cometerse.

Para generar tráfico de calidad debemos utilizar el SEO, que nos permitirá obtener visitas orgánicas de mayor calidad que con los canales publicitarios clásicos, y los costes se pueden recuperar mucho más fácilmente porque el ROI es mucho mayor con esta metodología que con todas las demás.

Para obtener beneficios con el inbound es necesario tener un enfoque integral, no basta con abrir una web o tener un blog, sino que es imprescindible poner en marcha una estrategia que sea capaz de aportarnos resultados, así como gestionar datos y demás a través de Crm, SEO, la publicación constante de contenidos de valor, la creación de campañas específicas para poder llegar al público y conseguir nuevos contactos potencialmente interesados en lo que hacemos.

Gastar mucho dinero en publicidad no es garantía de éxito, por sí sola no obrará milagros si no hay un duro trabajo estratégico subyacente para alcanzar objetivos concretos. Uno de los secretos pasa por una comunicación eficaz, si funciona los resultados no tardarán en llegar, sin tener que incurrir en enormes desembolsos económicos en publicidad.

A la hora de comunicarnos es importante tener el enfoque adecuado, no debemos ser emocionalmente distantes porque tengamos una pantalla delante, si nuestra comunicación es fría la otra persona lo notará sin duda. La empatía es útil tanto online como offline cuando interactuamos con otras personas.

En mi opinión, Internet debe verse como un amplificador de posibilidades, pero esto no debe cambiar en absoluto la naturaleza de lo que somos. Quienes trabajan por la senda del profesionalismo saben que no hay atajos, sino método y trabajo sobre uno mismo.

# Pagos, atrasos y gestión de litigios como oportunidades

En las ventas, puede ocurrir que nuestros clientes tengan dificultades para hacer frente a los pagos, que se conviertan en malos pagadores, poniéndonos en una situación en la que tengamos que hacernos cargo de sus atrasos.

Este acontecimiento no debe interpretarse como una molestia sino como una oportunidad que hay que gestionar, del mismo modo que tenemos que gestionar los litigios cuando un cliente no está satisfecho con nuestro trabajo, en lugar de ponernos a la defensiva o verlo como una actividad aburrida es bueno interpretarlo como una oportunidad.

Un problema siempre tiene solución, si sólo nos centramos en los aspectos que están mal es difícil ver las oportunidades que pueden surgir. No tiene sentido complicarnos la existencia preguntándonos por qué nos ocurren los hechos, hacernos demasiadas preguntas nos aleja de la acción, que debe ser oportuna, en una segunda fase podríamos ir a analizar los puntos de origen y entender cómo evitar que ocurran o cómo intervenir, siempre haciendo lo mejor que podamos.

Es importante que nuestra actitud sea positiva en todo momento, si el cliente está preocupado y nosotros también, seguro que no le infundiremos valor. Uno de los primeros hombres que vio una oportunidad detrás de un problema fue

Galileo Galilei, por eso en este trabajo es fundamental no desanimarse y afrontarlo todo de frente y con una sonrisa, ¡siempre!

*¿Cómo manejar estas situaciones como oportunidades?*

Si, por ejemplo, tenemos pagos que recuperar, podemos reabrir una especie de negociación con el cliente para averiguar cuáles son las verdaderas razones del retraso, si tal vez ha habido algún problema con la prestación de nuestros servicios, y en ese momento la jugada ganadora es ofrecer soluciones:

- Aplazamiento del pago
- A cambio de un pago inmediato, se puede ofrecer un servicio adicional como incentivo.

Son oportunidades de hablar con el cliente para obtener beneficios. Lo mismo puede ocurrir cuando se presenta una queja o se abre un litigio; no hay que limitarse a escuchar, sino llegar al fondo de la situación para entender por qué y dónde ha surgido el problema objeto de la queja.

Para resolver la situación, es necesario satisfacer las necesidades del cliente, obviamente dependiendo de nuestro sector podemos desarrollar diferentes enfoques. La mayoría de las veces, una pequeña disputa puede dar lugar a una gran oportunidad de venta, y nunca debemos quedarnos en las apariencias, especialmente en este trabajo en el que comprender a la otra persona es un aspecto fundamental.

Cuando el cliente se siente comprendido y ayudado, automáticamente aumenta la confianza y la estima en nosotros, y eso no es poco; en ventas, no es difícil cerrar tratos cuando todo va bien, y las habilidades de un vendedor de éxito se ven sobre todo cuando surgen dificultades.

No olvides que incluso el gran Albert Einstein afirmó que: "*No se puede resolver un problema con la misma mentalidad que lo generó*".

# Empleados, formación y contratación para crear y gestionar una red de ventas

En este capítulo abordaremos el tema de cómo encontrar colaboradores y formar la propia red de ventas. No todos los trabajos en este campo requieren necesariamente colaboradores; podemos empezar como vendedores individuales, pero luego, con el tiempo y la experiencia, podemos sentir la necesidad de contar con colaboradores.

---

Vender es el trabajo más fácil del mundo

si te comprometes con entusiasmo,

pero se convierte en el más difícil

si te tomas tu tiempo.

Frank Bettger

---

Los empleados aportan una valiosa ayuda a la empresa, independientemente del sector al que nos dediquemos seguro que también gestionamos el servicio posventa, en cuyo caso tener un empleado que haga el seguimiento del cliente después del pedido para ver si todo ha ido bien o si necesita algo más puede resultar un valioso apoyo porque ese tiempo podría utilizarse para cultivar nuevos contactos, promocionando y ampliando nuestro negocio. Para gestionar un equipo de la mejor manera posible debemos poseer habilidades de escucha y liderazgo para poder coordinar a nuestro equipo de ventas de forma provechosa. Escuchar es una cualidad muy importante que no sólo debe utilizarse en una fase de ventas, sino especialmente en la relación con nuestros colegas o colaboradores.

Las ventas pueden verse como un trabajo individual pero también como un trabajo de equipo, para que todo funcione bien todos los "engranajes" tienen que trabajar juntos. A medida que nuestra carrera avance, tendremos que relacionarnos con diferentes figuras, por lo que si nuestro enfoque es productivo y positivo, también lo será el resultado que nos propongamos.

Si nuestro papel es el de gestor y necesitamos tener nuestro propio equipo, es importante para que nuestro trabajo continúe con éxito ser capaces de identificar a las personas adecuadas, y para ello podemos recurrir al departamento de recursos humanos de nuestra empresa o buscar nosotros mismos a los empleados más adecuados. El primer requisito que tenemos que sondear es sin duda la fuerte motivación de las personas que vienen a trabajar con nosotros, las ventas no pueden verse como un mero trabajo de oficina sino que es mucho más que eso, se necesitan habilidades adicionales para que todo funcione a la perfección.

Los empleados deben seleccionarse en función de sus aptitudes; en una red de ventas en expansión, se necesitan varios puestos, desde la secretaria que gestiona las citas y las llamadas hasta el empleado junior que acaba de empezar.

La elección debe basarse en lo que vemos en el CV, pero también en las sensaciones que nos transmiten estas personas, ¡por una vez podemos ponernos en el lugar de nuestros clientes y ver si la persona que tenemos delante tiene lo que hay que tener!

A la fuerza por los empleados es indispensable añadir un curso de formación, necesariamente debemos conseguir transmitir nuestra pasión también a los demás para que se sientan encargados de emprender este trabajo, aun sabiendo que incluso aquí hay dificultades, que no deben verse como puntos de parada sino como motores para hacerlo cada vez mejor.

Al igual que la formación es continua para nosotros, también lo será para nuestros empleados, como ya habrán adivinado o experimentado en esta industria nunca se deja de aprender, nunca se debe sentir que se ha llegado, sea cual sea el puesto que se ocupe.

Gestionar compañeros de trabajo se hace fácil si eres organizado, aconsejo no dejar ciertos aspectos al azar porque puedes arriesgarte a que algo salga mal, en el trabajo se necesita seriedad sobre todo cuando se ha adquirido un compromiso, la relación debe ser recíproca e igualitaria porque el objetivo de

crecer no es sólo de un individuo sino de todo el equipo,
¡siempre!

# Objetivos, CRM y medición de resultados

También hemos visto en capítulos anteriores lo importante que es hacer un seguimiento de los objetivos a alcanzar, que deben cumplir estas características:

- Hormigón
- Accesible
- Temporalizable
- Mensurable
- Estimulantes

El primer requisito de concreción es esencial porque lo que nos proponemos no puede ser onírico sino que debe pertenecer al mundo real, todo objetivo debe ser alcanzable, cronometrado y medible para obtener información también sobre nuestro rendimiento, éxitos y dificultades. El último requisito no es menos importante porque si el objetivo no me estimula, difícilmente encontraré la voluntad y la constancia para alcanzarlo.

Para poder conseguirlos y sobre todo para no perder ninguna negociación, existe un software que te ayuda a gestionar los distintos pasos de las negociaciones de venta para que luego puedas analizar los resultados obtenidos y mantenerlos bajo control. Siempre he utilizado **Sellf en** la gestión de mi trabajo y creo que este software de gestión también puede ser útil en tu labor de ventas independientemente del producto que gestiones.

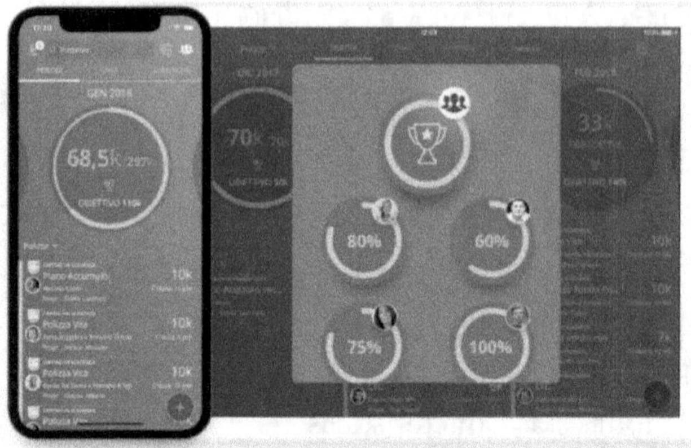

Este CRM tiene una serie de funciones útiles que nos permiten agilizar nuestras ventas y las del equipo, no sólo porque nos permite gestionar mejor los clientes, el tiempo y las negociaciones. Se puede utilizar de forma provechosa tanto si somos vendedores individuales como si gestionamos a varios empleados para tener siempre la situación bajo control.

Este software es muy versátil porque podemos utilizarlo desde cualquier dispositivo. Teniendo en cuenta que el trabajo de ventas a menudo nos lleva fuera de la oficina, es conveniente poder gestionar el negocio desde un smartphone.

En la aplicación, podemos observar las negociaciones que tenemos en curso, y se nos anima a alcanzar nuestros objetivos mediante hitos y notificaciones. Veamos la funcionalidad en detalle:

### Gestión de clientes

Es posible hacer un seguimiento de todo lo que sabemos sobre nuestros clientes con un solo clic, y no me refiero sólo a los datos de contacto, sino también a todas las actividades que hemos realizado con ellos, desde correos electrónicos hasta llamadas telefónicas. Este historial se puede compartir con tu equipo para optimizar mejor el tiempo y rentabilizar mejor la cita.

Imagina una cita con un cliente y entre otros temas mencionas algo que te dijo la última vez que os visteis, esto te permitirá mostrarte más profesional ante sus ojos cuando en realidad lo único que necesitabas era un repaso rápido de su contacto. Todo esto te permite actuar con prontitud y responder a las necesidades del cliente en el momento oportuno. Otros aspectos a destacar

- Esta aplicación con la función "Mantente en contacto" te recuerda todos los eventos, para que no corras el riesgo de olvidar nada
- Podrás planificar mejor tus viajes gracias a las integraciones con Google Maps
- Las etiquetas y tarjetas maestras de alto rendimiento permiten añadir cualquier detalle
- Los filtros permiten segmentar a los clientes para mejorar las tasas de conversión
- Si tienes un sitio web con esta aplicación puedes convertir visitantes anónimos haciéndoles rellenar un formulario de contacto, sin ningún esfuerzo encontrarás una lista de contactos ya hecha con la que trabajar.


## Gestión de ventas

A nivel psicológico, cuando un objetivo se escribe, aumentan las probabilidades de que se alcance. Con la gestión de ventas puedes asignarte a ti mismo y a los demás objetivos claros y definidos. A través de una pantalla intuitiva puede ver su propio progreso y el de los demás de forma incentivadora y motivadora para alcanzar los objetivos fijados. Además:

- Las negociaciones son siempre visibles en todas las fases del proceso de venta
- Puedes filtrar los más atractivos y prometedores de entre los demás para dirigir los esfuerzos necesarios

- Es posible analizar cuándo lo hemos hecho comprendiendo también las causas frecuentes de fracaso en varios aspectos
- Todo lo que ocurre entre nosotros y el cliente queda convenientemente registrado, de modo que podemos leer toda la información que necesitamos de un vistazo
- Conseguimos optimizar nuestro tiempo para poder concentrarnos en otros aspectos más importantes
- También es posible gestionar diferentes flujos de ventas si, por ejemplo, tenemos varias líneas de negocio que seguir
- Se puede asociar un producto a cada negociación, así podemos crear fácilmente una lista con los precios más utilizados en la negociación, esta función ahorra mucho tiempo

## Gamificación

La gamificación aumenta la colaboración y motiva al equipo para alcanzar los objetivos de ventas. A nivel psicológico, cuando uno se siente motivado es mucho más probable que realice una venta con éxito, incluso una simple insignia puede marcar la diferencia y espolearnos a hacer más y más.

## Gestión eficaz de la red de ventas

Cuando la gestión de la red de ventas es clara y eficaz, también resulta más funcional. La gestión multinivel permite recrear la red de jerarquías entre los distintos vendedores, de modo que puedan establecerse distintos niveles de acceso y autorizaciones y supervisar constantemente el rendimiento.

## Comunicación con la red de ventas

Una buena comunicación le ofrece una visión completa de la productividad de su grupo. Dentro de la aplicación hay un historial que se puede consultar en cualquier momento y que permite hacerse una idea de cómo avanza el trabajo. De esta forma se evita el control directo que la mayoría de las veces puede resultar no sólo molesto sino que además nos quita gran parte de nuestro tiempo, en un solo clic puedes ver todo tanto de tus actividades como de las de los demás. Entre las distintas comunicaciones también están las que celebran los logros, para hacer circular el entusiasmo y motivar aún más a toda la red.

## Análisis visual de los resultados

La información también está disponible a través de estadísticas muy intuitivas, para que podamos ver inmediatamente los progresos y dónde tenemos que mejorar. También se puede elegir un intervalo de tiempo específico para que nuestro análisis sea aún más eficaz. Además, podemos saber:

- Cuáles son los productos más vendidos y sus márgenes
- Qué clientes son los más rentables o qué recurso del equipo muestra los mejores o peores resultados para intervenir a tiempo con apoyo específico.
- A través de los gráficos podemos entender la eficacia o no de nuestro sistema
- Gracias a otras estadísticas, es posible averiguar cuáles son los mejores canales de captación de clientes para centrarse en los más rentables
- Una vez más, a través de las estadísticas es posible comprender a un nivel más profundo todos los factores que generan un fracaso

## Calendario y agenda

El calendario junto con la agenda te permiten planificar con antelación cualquier acontecimiento. Mucha gente cree que lo más valioso es el dinero, pero en realidad, el aspecto que debemos cuidar con más esmero es el tiempo. Cuando el factor tiempo está mal gestionado, también sufrimos una pérdida de dinero, nos sentimos inconclusos e insatisfechos, por no hablar del aumento del estrés, que desde luego no aporta muchos beneficios. Los beneficios de esta sección de la aplicación son;

- La posibilidad de programar con antelación llamadas telefónicas, eventos, reuniones, citas, etc.
- Cuando el contacto tenga una dirección asociada, se nos mostrará directamente su ubicación en el mapa para que nuestra organización sea aún más eficiente
- Puede supervisar todos los compromisos de la red de ventas con sólo unos clics
- Los compromisos pueden compartirse con los compañeros de trabajo, mientras que los privados sólo son visibles para nosotros.

## Recordatorio

La función de recordatorio facilita la planificación, porque si bien es importante anotar los eventos, también lo es recordarlos, en este caso no tenemos que preocuparnos porque la app se encargará de todo a través de notificaciones y alertas.

## Notas y documentos

La función de notas y documentos nos permite apuntar cualquier cosa que queramos con la misma funcionalidad que un bloc de notas, además si tenemos documentos que guardar podemos ponerlos aquí para poder editarlos, compartirlos y utilizarlos estemos donde estemos.


El trabajo del vendedor requiere mucha organización y no se puede hacer lo mejor posible sin el apoyo de un buen CRM. Aunque su empresa le proporcione uno básico, le recomiendo que busque el que más le convenga, cuyas funciones le permitan controlar el trabajo de un vistazo.

# Postventa y prestación de servicios vendidos

Como hemos visto en los distintos procesos de venta, el aspecto "posventa" es muy importante porque hay que gestionarlo y controlarlo dentro de los plazos acordados con el cliente final. independientemente de que hayamos tratado la venta de servicios o de productos, siempre hay que controlar que los pasos posteriores respeten los acuerdos alcanzados.

Para llevar a cabo estas etapas de la mejor manera posible, recomiendo el uso de esta aplicación, que también puede utilizarse junto con otros programas informáticos proporcionados por la empresa para la que trabajamos. **Trello** nos permite organizar y gestionar mejor las etapas de posventa. Entre las diversas funcionalidades, es posible:

- Organizar la actividad a partir de un tablón de anuncios lleno de listas y tarjetas, que pueden organizarse por completo con vistas a fomentar el espíritu de equipo.
- Es un programa sencillo y muy intuitivo, que puedes utilizar no sólo para trabajar, sino también para tu vida privada.
- Puedes compartir información y archivos con tus compañeros de trabajo
- Podrá coordinar su equipo gracias a funcionalidades sencillas e intuitivas

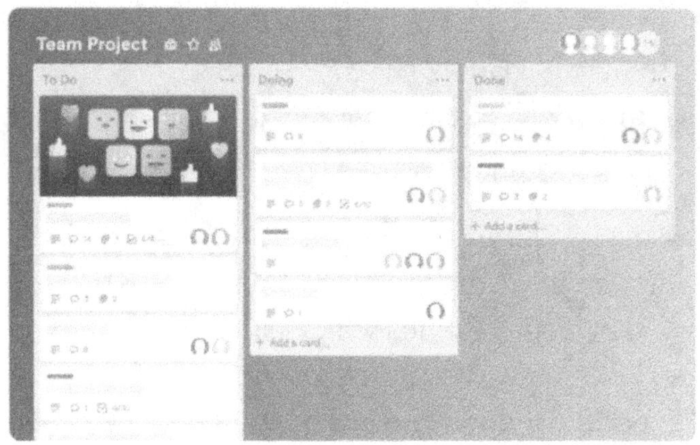

Esta aplicación, por su sencillez, aligera la labor de venta y nos permite centrarnos constantemente en los objetivos a través de la planificación. Los elementos de esta aplicación son cuatro:

- **El panel de control** es donde podemos monitorizar todo y colocar los proyectos que queramos en un modo privado donde el contenido sólo es accesible para nosotros, en un modo visible para nuestros colaboradores, y en un modo público donde el contenido puede ser visto por cualquiera con nuestra url

- **Las listas son** columnas visibles dentro del panel de control, son útiles para definir el estado del proyecto actual con el fin de supervisarlo lo mejor posible, las listas se pueden añadir o eliminar según sea necesario

- **Las pestañas** actúan como contenedor de tareas individuales y se encuentran dentro de las listas, aquí puedes añadir colaboradores, asignar varios plazos, subir archivos de imagen o texto, dividirlas en microtareas y también etiquetar a otros miembros de tu equipo cuando sea necesario. Este tipo de herramienta en nuestro trabajo nos permite tener siempre la situación bajo control, de manera que es más fácil hacer un seguimiento de cada trámite iniciado

- **El menú** nos permite gestionar los miembros y diversos ajustes según nuestras necesidades

Estas que os he mostrado son las principales funciones de Trello que yo utilizo en particular para seguir todos los pasos del proceso postventa. Como vimos al principio, la tarea del vendedor no termina con la firma del contrato, sino que va mucho más allá, porque todo lo que prometimos durante la negociación debe luego realizarse en la realidad.

# Gestionar las remisiones porque un NO a veces no es para siempre

Las referencias en este sector se producen a menudo, lo que conviene destacar es que es importante gestionarlas porque la mayoría de las veces un "no" no es para siempre. Cuando visitamos o intentamos contactar con clientes potenciales nos damos cuenta de que los "no" superan en número a los "sí", los "no" deben gestionarse como oportunidades y no como si tuviéramos puertas cerradas delante.

Con la experiencia aprendemos a distinguirlos porque no todos los 'no' que nos dicen son iguales, es importante diferenciar el no de la persona que no está nada interesada en lo que le proponemos del no que es una simple referencia porque en ese momento concreto el cliente se encuentra en una situación que le impide tomar una decisión positiva hacia nosotros, en cuyo caso ya en una segunda o tercera visita es posible transformar esa imposibilidad en un 'sí'.

El vendedor tiene que hacer muchas visitas para dominar plenamente su oficio y así poder diferenciar también los distintos tipos de "no", que pueden estar provocados por un compromiso repentino, una situación personal, un imprevisto, objeciones ocultas o el hecho de que lo que proponemos no mueve a ningún interés.

¿Cómo podemos saberlo? Podemos saberlo por el tono de su voz, la forma en que se mueve, la manera en que interactúa con nosotros; es entonces nuestra experiencia combinada con la intuición la que nos sugerirá si debemos volver a intentarlo con otra visita o dejarlo así.

Es una buena práctica marcar los "sí es" potenciales en una lista dedicada también dentro de la aplicación sellf que vimos antes, estas personas pueden ser contactadas de nuevo en un momento tranquilo o en nuestro negocio para intentar con un nuevo enfoque llevarlas a buen puerto y convertirlas en un "sí" convencido.

En mi experiencia como vendedor puedo decir que no han sido pocas las ocasiones en las que he conseguido convertir referencias en nuevos clientes satisfechos, una de las muchas razones de su primer "no" era que no estaban preparados para realizar un pedido, en visitas posteriores conseguí superar sus dudas firmando nuevos contratos.

Lo que quiero transmitirte al final de este capítulo es el hecho de que ningún "no" debe asustarte, no significa que no seas bueno o que no tengas lo que hay que tener, ni siquiera puedes hacer estadísticas cuando estás al principio del negocio porque tienes que tener en cuenta que la poca experiencia puede hacer que cometas errores. En este negocio no hay que rendirse sino que es importante avanzar cliente tras cliente cultivando la competencia y la confianza en las propias capacidades.

# Bienestar del proveedor (Gestionar áreas clave de interés)

Para lograr un mayor bienestar, un vendedor debe necesariamente fijarse objetivos en todos los ámbitos de su vida. estos consejos se aplican a todo el mundo y no sólo a quienes trabajan en este campo. Las áreas a tener en cuenta son las siguientes:

- Empleo
- Finanzas
- Familia
- Amigos
- Salud
- Amor

No es posible centrarse únicamente en el aspecto laboral porque se corre el riesgo de socavar las demás áreas que, a pesar de lo que se pueda pensar, están todas interconectadas.

Permítanme darles un ejemplo, ¿cuántas veces por un problema de trabajo vamos y descuidamos el amor o la familia o los amigos. ¿Y cuántas veces por un problema familiar o amoroso vamos y descuidamos el trabajo y en consecuencia vemos que las finanzas se deterioran?

Un desequilibrio en un área desencadena una reacción en otra y esto demuestra lo verdaderamente conectadas que están todas ellas. Para evitar tropezar con estas situaciones incómodas, es útil que en cada área haya objetivos claramente definidos que debemos perseguir y alcanzar. Por ejemplo, en cada área podemos perseguir los siguientes objetivos:

- Trabajo = adquisición de nuevas competencias
- Finanzas = mejora de los ingresos
- Familia = realizar actividades atractivas juntos con vistas a reforzar los vínculos
- Amigos = salir con amigos una vez a la semana
- Salud = ir al gimnasio dos veces por semana
- Amor = dedicarse tanto a la pareja como a uno mismo, reservándose momentos beneficiosos.

No debemos dar por sentados estos elementos porque corremos el riesgo de que nuestra excesiva concentración en el trabajo nos lleve a descuidar otras áreas que son muy importantes para nuestro bienestar psicofísico. Dado que estas áreas se ven influidas tanto positiva como negativamente, debemos intentar mantener el foco alto.

Para ello, no debemos tenerlo todo en mente, y aquí también vienen en nuestra ayuda aplicaciones como la lista de tareas pendientes.

Cada uno puede personalizar sus objetivos en función de su personalidad o de sus áreas de interés, éstos deben ser temporales, es aconsejable darse plazos semanales, mensuales o trimestrales para conseguir lo que se ha propuesto.

Después de un año en el que hayamos estabilizado cierta rutina, notaremos una mejor calidad de vida, porque cuando nos sentimos bien con nosotros mismos y nos sentimos satisfechos, todas las demás áreas de la vida también se beneficiarán.

Es bueno recordar que si queremos sobresalir en la vida, es necesario sobresalir en cada una de las áreas que hemos visto en este capítulo, porque esto forma la base para ser un vendedor verdaderamente exitoso.

# Aplicaciones y herramientas útiles para vendedores

En este capítulo veremos las apps más utilizadas en el sector de las ventas que nos ayudan a gestionar todas las fases del proceso, desde la captación hasta el cierre.

**Sellf** = es un CRM que hemos conocido y descrito en los capítulos anteriores, básicamente nos permite gestionar todo el proceso de venta tanto si estamos solos como si lideramos un equipo.

**Trello** = es una aplicación muy funcional que nos permite gestionar mejor todas las fases del proceso posventa, donde la interfaz de la aplicación hace que esta tarea sea aún más divertida y atractiva, ya que también es posible personalizar determinados aspectos en función de nuestros procesos empresariales.

**Any.do** = es una aplicación que nos permite crear Listas de Tareas también organizadas según su importancia o fecha límite, esta aplicación además es accesible desde cualquier dispositivo. El hecho de poder dividir las tareas entre importantes y urgentes nos ayudará mucho en nuestro trabajo.

Además, también se puede sincronizar con el calendario de Google y otras muchas apps para que lo tengamos todo bajo control, pero no solo porque no solo nos ayuda en el trabajo sino también en el resto de ámbitos de nuestra vida.

Cada una de estas apps tiene su importancia y es posible utilizarlas conjuntamente para los fines antes descritos para gestionar todo de forma sincronizada. También hay otra más conocida que considero útil para aquellos que realizan un trabajo donde los desplazamientos son frecuentes y es **Google maps**, además de mostrarnos el camino hacia un cliente también tiene otra función interesante que se refiere a la búsqueda.

Si mi objetivo es contactar con restaurantes de una zona de Roma, lo único que tengo que hacer es introducir lo que busco en el espejo de búsqueda, y poco después Google me proporcionará una lista de restaurantes con los que puedo ir a contactar y ofrecerles mi servicio de la forma que considere más adecuada. La búsqueda se puede hacer sobre cualquier actividad que necesite y esto, en mi opinión, ahorra mucho tiempo.

Otra aplicación útil es **WhatsApp** y me refiero a la versión web, que tiene la misma funcionalidad que la que usamos en el teléfono con la diferencia de que podemos abrirla desde el ordenador. Esta app de mensajería nos permite estar en contacto con la gente, enviar fotos, mensajes y documentos siempre que queramos. Además de la versión clásica, también es posible utilizar la versión **para empresas**, que ofrece capacidades más específicas.

Personalmente, también creo por mi propia experiencia que estas son las aplicaciones más útiles y con mayor rendimiento para quienes trabajan en el sector de las ventas. Sin olvidar también la importancia de las redes sociales, que son de gran ayuda sobre todo para aumentar nuestro alcance.

# Linkedin para vendedores

Linkedin como hemos visto en los capítulos anteriores es una red social de uso profesional, como marketeros es importante saber optimizar el perfil para conseguir clientes potenciales.

Probablemente tengamos un perfil en el que se recogen diversas experiencias laborales, cuando lo creamos nuestro objetivo era encontrar un nuevo empleo, ahora necesitamos cambiar nuestra página de perfil de Linkedin en una especie de mini-site, destacando las características y ventajas de lo que ofrecemos a través de nuestro trabajo como consultores.

Esto se hace para captar la atención de un cliente potencial fomentando un contacto inicial y convirtiéndolo después en una oportunidad a través de una llamada telefónica u otro método en el que propongamos nuestros servicios.

Optimizar el perfil de Linkedin para vendedores significa hacerlo un poco como una página de aterrizaje con el foco puesto en generar contacto no tanto con nosotros como persona sino más en el servicio o producto que ofrecemos.

Por ejemplo, si miras mi perfil de Linkedin (Antonio Costanzo) puedes ver cómo he desarrollado las distintas secciones desde la información sobre quién soy y qué hago hasta la visión general de lo que ofrezco, de esta forma el cliente potencial de un vistazo entiende inmediatamente qué podemos ofrecer, cuáles son los beneficios y cuáles son los canales para ponerse en contacto con nosotros inmediatamente.

En resumen, estos son los puntos clave que hay que tener en cuenta:

- La información básica del perfil de LinkedIn debe ser completa y relevante, es importante darle la importancia justa, no debemos crear un perfil que parezca un CV porque nuestro propósito no es encontrar trabajo sino conseguir probables clientes
- Lo que escribimos debe atraer y no aburrir, por eso es útil ponerse en la piel de un lector tipo y hacer consideraciones sobre lo que uno ha escrito, nadie lee hoy un montón de información, demos las imprescindibles y más cautivadoras
- La fotografía debe ser profesional, prestando atención a la sonrisa y el brillo
- La URL del perfil también se puede personalizar para que la gente nos encuentre aún más fácilmente.
- Para dar a conocer lo que hacemos, además de las palabras escritas, también podemos utilizar contenidos de vídeo, que se prestan excelentemente y son apreciados por el público porque pueden obtener la información que desean

de forma rápida y sencilla. También es una forma de destacar entre la multitud, sobre todo cuando nuestros competidores no los utilizan.

- En esta red social se pueden obtener confirmaciones o recomendaciones de otras personas, no hay que tener miedo a pedirlas porque sirven como una buena tarjeta de visita.
- Si hemos obtenido premios o certificaciones puede ser un acierto mostrarlos a los demás, por supuesto me refiero a títulos relacionados con lo que hacemos y no con nuestras aficiones
- Los contenidos publicados deben estar escritos en primera persona, manteniendo un tono amable y simpático
- Publicar cosas puntuales en las redes sociales no funciona, por eso es fundamental mantener una cierta regularidad no sólo por nuestros lectores sino también por las redes sociales, que tenderán a premiarnos haciéndonos más visibles
- La red Linkedin debe desarrollarse con vistas al crecimiento, añadir más conexiones nos ayuda a expandirnos y a ser vistos también por más gente
- Los grupos son una excelente manera de ampliar tu red de contactos, es importante que sepas identificar los que están más cerca de tu sector objetivo

Saber utilizar las redes sociales de la forma adecuada es la clave para que un vendedor aspire al éxito.

# La librería del vendedor

Para convertirse en un consultor o vendedor de éxito, la formación es la base de su negocio. Es un elemento esencial para poder mejorar tus competencias técnicas, teniendo en cuenta además que este sector como el marketing está en constante evolución y es imprescindible actualizarse constantemente.

Por esta razón, creo que los siguientes textos no pueden faltar en su biblioteca:

- **La fórmula del embudo de marketing** de Michele Tampieri

En este texto se explica qué es el funnel marketing y cómo puede ser útil también en este sector, especialmente en lo que se refiere a la captación de nuevos clientes y a la infusión de mayor valor a los productos y servicios que se ofrecen. También se presentan técnicas para rentabilizar las inversiones y el concepto de "embudo", que se pretende utilizar junto con diversas herramientas para crear una relación con el usuario con el fin de que realice determinadas acciones de compra.

- **Lo que realmente quieres** por Roberto Re

En este texto se abordan varias cuestiones, pero el aspecto más importante en mi opinión es que nos permite comprender lo que queremos y si la dirección que hemos elegido es la adecuada para nosotros.

- **Dinero** de Antony Robbins

En este texto, el autor explica cómo alcanzar la libertad financiera. Incluso los conceptos más complicados de los campos de la economía o las finanzas se explican de una forma sencilla que disipa mitos y creencias muy extendidos. La libertad financiera nos permite tener más confianza y tranquilidad sin sentirnos abrumados por sentimientos de ansiedad ante el futuro.

- **Padre Rico Padre Pobre** por Robert T. Kiyosaki

En este libro, Robert Kiyosaki también nos ofrece una nueva visión de su experiencia, que incluye la relación con el dinero para alcanzar el éxito y la independencia económica.

- **El poder de los hábitos**, de Charles Duhigg

Este libro trata de las elecciones que hacemos cada día y que no son el resultado de decisiones conscientes, sino que en su mayoría responden a un patrón de hábitos que hemos interiorizado.

En cierto modo, los hábitos influyen en distintos aspectos de nuestra vida, pero es bueno saber que no son inmutables, ¡depende de nosotros cambiarlos o mantenerlos!

- **Cómo tratar a los demás y hacer amigos**, de Dale Carnegie

En este libro, el autor nos da consejos sobre cómo tratar a los demás en las distintas relaciones que entablamos cada día, sean de negocios o no, una lectura interesante que nos hace ver la solución a muchos problemas que pueden surgir en las relaciones sociales.

- **Cómo superar el estrés** por Dale Carnegie

En este libro, el autor propone una serie de técnicas útiles para afrontar el estrés y superarlo de forma que no nos esclavice. Sobre todo si tenemos en cuenta que el estrés como factor tiende a provocar otros problemas reflejos que suelen afectar a nuestra vida o nos impiden vivir nuestros días con plenitud.

- **El éxito de ventas ilimitado** de Brian Tracy

Este libro abarca algunos conceptos básicos de ventas, podríamos aprender a reconocer a los clientes desastrosos, a hacer presentaciones eficaces y otros consejos para cerrar tratos superando las objeciones clásicas.

- **La salud es el primer paso hacia el éxito** por Daniele Di Benedetti

Este libro nos hace darnos cuenta de la importancia de nuestra salud si queremos tener éxito, llevar agendas frenéticas junto con el aumento del estrés son hábitos que no son buenos ni para nosotros ni para nuestro trabajo, entender estos temas sin duda nos pone en el buen camino.

- **Las armas de la persuasión** de Robert Cialdini

En este libro, el autor nos invita a comprender los mecanismos de la persuasión junto con varias tácticas que podemos utilizar para mejorar nuestro negocio y, en consecuencia, nuestra relación con los clientes.

- **Introducción a la PNL** por Richard Bandler

En este libro, el autor nos invita a comprender los mecanismos de la PNL a través de técnicas y ejercicios prácticos con el fin de obtener beneficios en la vida privada, pero también profesional, para convertirse en comunicadores eficaces superando todas las objeciones.

- **Te quiero pero tengo que pensarlo** por Dario Porta

Este libro es muy interesante porque pretende dar consejos prácticos a quienes han hecho de la venta su profesión. Vender no es un trabajo fácil, pero a través de las técnicas adecuadas es posible superarse a uno mismo, ser capaz de superar ciertos obstáculos que pueden parecernos insalvables o demasiado difíciles.

Estos que te he presentado son sólo algunos de los libros que forman parte de mi biblioteca, estudiar estos temas te permitirá no sólo estar al día con los tiempos sino también aprender los conocimientos y los movimientos correctos para tener éxito en esta industria ya sea que vendas productos o servicios.

# Zona de confort (Actúe)

Una zona de confort es un estado psicológico en el que las cosas le resultan familiares y se siente cómodo, gracias al control de su entorno que favorece bajos niveles de ansiedad y estrés.

La zona de confort consta de cuatro áreas:

- Zona de confort
- Zona de miedo
- Zona de aprendizaje
- Zona de crecimiento

Salir de la zona de confort es imprescindible si queremos conseguir metas más importantes, la razón es bien sencilla, si seguimos haciendo las cosas como siempre las hemos hecho no será posible conseguir mejorar o avanzar en nuestras vidas, permanecer algo "inmóviles" nos lleva a la insatisfacción, el hombre siempre necesita nuevos estímulos para ser feliz.

La zona de confort representa nuestro entorno, nuestros hábitos, nuestro mundo familiar que, en cierto modo, nos ha permitido convertirnos en lo que somos, para alcanzar nuevas metas necesitamos pasar a la acción.

Los objetivos están fuera de nuestra zona de seguridad, ¿qué significa esto para un vendedor? En términos sencillos, significa explorar una nueva zona, conocer nuevos clientes, aprender nuevos enfoques, etc.

Te pondré un ejemplo, si te acostumbras a vender en tu barrio te excluyes de oportunidades importantes y de nuevos conocidos, claro que conoces tu zona y te sientes seguro en ella, pero ¿te has preguntado alguna vez si merece la pena no salir nunca de tus propios límites? A veces estas limitaciones no son sólo físicas sino también mentales, ¡un vendedor no debe ponerse estos límites si quiere alcanzar el éxito!

Los objetivos nos ayudan y motivan de alguna manera a salir de nuestra zona de confort, una vez alcanzado nuestro objetivo, la satisfacción nos recompensará por todos nuestros esfuerzos.

Es esencial actuar porque la zona de confort es comparable en sus efectos a una burbuja, que por un lado nos da protección, pero por otro nos asfixia al no liberarnos para actuar. Los vendedores deben ser capaces de aprovechar las oportunidades y también saber aprovechar el momento oportuno, todo lo cual no puede conseguirse dentro de la burbuja.

Ahora toca reventar el globo, ganar confianza en uno mismo sin olvidar la cortesía y la profesionalidad para visitar a todos los clientes que te esperan ahí fuera.

# Telemarketing para concertar citas

En este capítulo veremos cómo puede utilizarse el telemarketing para conseguir nuevas citas. Si, debido a las circunstancias, no es aconsejable o posible visitar al cliente potencial en persona, el telemarketing se presta como una excelente solución.

Antes de ponernos al teléfono, debemos tener una lista de clientes potenciales con los que contactar y seguir un guión que hayamos preparado de antemano, es decir, un texto para una llamada telefónica estándar destinada a conseguir una cita.

Nuestro planteamiento debe analizarse al final del día, ya que necesitamos entender qué ha funcionado y qué no, y en qué debemos mejorar para conseguir lo que queremos.

En una llamada de telemarketing nunca debemos revelar todas las características del producto, nuestro objetivo no es hacer una venta telefónica sino intrigar a la persona que está al otro lado del teléfono para que pueda concertar una cita.

Si no es posible concertar una cita, podemos organizar un segundo paso que siempre tendrá lugar por teléfono para que pueda concluirse la venta propiamente dicha.

Para hacer todo esto, es necesario adquirir el interés del interlocutor, de lo contrario, a la primera oportunidad, sin siquiera escucharnos, nos dirá que no tiene tiempo para nosotros.

Cada día es aconsejable mantener un cierto ritmo y realizar al menos veinte llamadas con el objetivo de concertar citas, esto debe hacerse además de las visitas a clientes potenciales.

En este capítulo también encontrarás un ejemplo de guión de llamada que utilizo cuando tengo que hacer telemarketing y si quieres optimizar tu jornada laboral, te recomiendo que te hagas con *la Agenda de Telemarketing: Mantén el ritmo y consigue tus objetivos.*

¡Búscalo en Amazon para mantener el ritmo y alcanzar tus objetivos con una sonrisa!

Hola, soy (nombre de la empresa)

Me gustaría hablar con el propietario sobre las ventajas de nuestro producto/servicio

*(tenemos que comunicarle brevemente lo que gana escuchándonos).*

Buenos días, me pongo en contacto con usted desde el nombre Empresa quería informarle

tenemos/estamos preocupados por los "Beneficios del producto/servicio", que

que ponemos a disposición de las empresas locales para que Result

*(Qué ganamos, qué podemos hacer por nuestros oyentes, cómo*

*podemos ayudarle a resolver su necesidad).*

¿Puedo preguntarle cómo "resuelve su necesidad"? Por ejemplo, "¿qué

canales que utiliza para comunicarse con sus clientes" *(si vendemos*

*servicios de publicidad).*

Genial, nuestros espacios pueden mejorar la visibilidad de su

empresa más.

-Podemos concertar una cita con usted para mostrarle el

catálogo y hacerle una oferta? En este momento tenemos algunos

soluciones especialmente ventajosas.

En caso afirmativo, ¿cuándo?

Si no es así:

¿Puedo preguntar por qué?

Cerrar

Le agradezco su disponibilidad y le deseo un buen día.

*Cómo configurar el script según sus necesidades*

Como se puede ver, la llamada telefónica comienza con una presentación, es importante comunicar quienes somos manteniendo un tono seguro y amable, inmediatamente después tenemos que averiguar quien se encarga de las compras, en la mayoría de los casos pedimos hablar con el propietario o si no está disponible tendremos que intentar conseguir una cita aunque sea por teléfono a través de la secretaria.

Durante la llamada telefónica no vamos a pronunciar la frase: "sobre las ventajas de nuestro producto/servicio" tal y como está escrita, lo que tenemos que hacer es contarle al interlocutor cuáles son las principales ventajas, sin aburrirle con una lista interminable. Es importante hacerles comprender **la oportunidad que** podemos ofrecerles.

Cuando podemos hablar con el propietario, además de presentarnos, le comunicamos de forma clara y directa la oportunidad que podemos ofrecerle, sin proponerle directamente una venta. A nivel psicológico, el cliente se siente más implicado cuando le damos algo nosotros y no él.

Por ejemplo:

- con nuestro servicio su empresa puede obtener estos beneficios de inmediato, o
- este producto puede aportarle estos beneficios

El guión que he propuesto debe considerarse como un borrador porque luego, en función de lo que tratemos, tendremos necesariamente que crear uno a medida.

El segundo paso es preguntarle cómo resuelve su necesidad, pongamos que yo me dedico al marketing web, a lo que le diré: *"¿puedo preguntarte qué canales utilizas para tener más visibilidad en la web?"*.

Al haber formulado una pregunta abierta el interlocutor se ve obligado a abrirse, no puede encerrarnos en un anillo de sí o no. A su respuesta tendremos necesariamente que argumentar lo que podemos hacer por él con vistas a mejorar su trabajo (este punto varía en función de lo que le propongamos, en cualquier caso es importante comunicarle el valor añadido).

Inmediatamente después, intentamos hacer una llamada telefónica para poder concertar una cita, si la respuesta es negativa, recomiendo preguntar educadamente por qué, esto sirve para entender si hay preocupaciones que no se han abordado.

El guión nos servirá al principio cuando aún no hayamos adquirido la experiencia necesaria, ni que decir tiene que después de un cierto número de llamadas no necesitaremos leerlo, todo nos saldrá de forma natural y espontánea.

# Relaciones

En ventas, las relaciones son mucho más importantes que el dinero, ya que representan el verdadero ecosistema del vendedor/asesor. El capital de un vendedor siempre han sido sus clientes. En este capítulo quiero transmitirte la importancia de alimentar las relaciones, especialmente si eres un profesional de las ventas.

Tener relaciones de calidad, quizás incluso estratégicas para nuestro negocio, nos ayudará a crear un entorno de trabajo favorable. Una venta nunca debe considerarse como un fin en sí mismo, es importante ser capaz de crear una buena red de relaciones sin limitarnos al tiempo de trabajo, aprovechando los aperitivos de networking u otras oportunidades para hacer nuevos conocidos y mantener los adquiridos.

Esta actitud nos permite ampliar la red de conocidos laborales, eso sí, el cliente no debe ser tratado como el amigo que necesita, una relación por sí misma tiene poco valor.

Entiendo que no es posible tomar un aperitivo con todos los clientes pero lo que quiero comunicarles es sobre la mentalidad correcta a tomar y créanme cuando les digo que se aplica a toda relación que queramos construir, sentirse utilizado así como ser feo al final nunca vale la pena, ya sea en la amistad o en el trabajo.

# El valor medio del volumen de negocios

El valor medio de la facturación es un punto muy importante que hay que tener en cuenta, porque es donde podemos aumentar nuestras ganancias y también ser más eficientes y productivos.

Si, al final del año, controlamos nuestros resultados y nos damos cuenta de que el valor medio de la facturación es de X cifras, podemos esforzarnos por aumentar el número de negociaciones individuales para poder ejecutar el mismo número de negociaciones en el año siguiente con una facturación mayor.

---

"La gente grande tiene sueños grandes y la gente pequeña tiene sueños pequeños. Si quieres cambiar quién eres, empieza por cambiar el tamaño de tus sueños".

(Robert T. Kiyosaki)

---

¿Cómo podemos conseguirlo? En primer lugar, centrándonos en servicios y productos con mayores márgenes. En segundo lugar, esto sugiere que no debemos centrarnos en la cantidad, sino en la calidad.

Si al principio de nuestra carrera también utilizamos los grandes números para hacernos un hueco y aprender a manejar las negociaciones, con el paso del tiempo, gracias también a la experiencia, los grandes volúmenes no serán necesarios, una mejor gestión y la calidad de los contactos manejados serán suficientes para permitirnos alcanzar un volumen de negocio digno de mención.

# Empresa grande o pequeña

En este capítulo analizaremos si es mejor optar por una gran empresa o por una pequeña. En primer lugar, es importante subrayar que no se nace vendedor, sino que generalmente se llega a serlo gracias a la pasión por el oficio.

Si decides acercarte a este sector y no tienes experiencia, es mejor que empieces en una gran empresa, que ya tiene un modelo de negocio basado en una red de ventas y que además se encargará de formar a los nuevos contratados, esta elección además de ser un gran campo de entrenamiento donde realmente podrás aprender mucho también te dará la posibilidad de hacer carrera.

Si por el contrario ya tienes experiencia o trabajas en una pequeña empresa, puedes continuar con la formación de forma independiente. Contar con un tutor propio es muy útil en este ámbito, porque el riesgo de desanimarse está siempre a la vuelta de la esquina, sobre todo al principio.

La venta es una profesión a la que no podemos acercarnos pensando que la improvisación puede funcionarnos por nuestra simpatía.

También hay que decir que la gran empresa por su estructura puede ser algo limitante para un buen vendedor, mientras que una mediana-pequeña empresa puede ser un excelente entorno de trabajo, porque el vendedor profesional puede dar todo de sí y de su profesionalidad más libremente, experimentando con nuevas estrategias y técnicas de venta, a diferencia de las grandes empresas que por razones prácticas de organización tienen muchas más normas.

En ambas situaciones hay pros y contras que dependen mucho de nuestra persona, grado de experiencia y mentalidad laboral.

# Competidores

Competidores existen en todos los sectores, personalmente creo que hay que verlos positivamente, en el sentido de que no es una buena elección hablar mal de un competidor, porque el primer aspecto que se resiente es sin duda nuestra credibilidad ante el cliente.

Los profesionales serios pretenden crear un ambiente de sana competencia, ¡valoremos en lugar de desprestigiar! Para que entiendas mejor los sentimientos a los que me refiero intenta imaginarte en el lugar del cliente, ¿qué pensarías de un vendedor que se pasa el tiempo desprestigiando en lugar de promocionando? Permítame hacerle otra pregunta, ¿compraría usted sus productos? La respuesta es sencilla: ¡No!

A nivel psicológico, cuando alguien empieza a desacreditar, el foco de atención se desplaza hacia las habladurías y poco hacia el producto, luego sigue una breve evaluación negativa del vendedor y se cierra con una serie de objeciones que ¡le harán salir por la puerta!

Además, si tienes que dedicar tus valiosos minutos de negociación a desacreditar los productos o servicios de los demás, ¡sólo estás dando el golpe de gracia a lo que propones!

Recapitulando, la regla número consiste en evitar hablar mal de la competencia. No importa si tienes al cliente delante o si estás hablando por teléfono, lo que percibe la otra persona no cambia.

Utilizar palabras negativas a menudo te lleva a pensar en estos términos, te aconsejo que prestes atención a estos detalles porque a través de las palabras y luego de las acciones construimos el mundo que nos rodea.



La regla número dos es que debes trabajar para atraer la atención hacia ti y no hacia tu competidor. ¿Hay alguna técnica que pueda adoptar? La respuesta es sí, intentaré resumirla en los siguientes puntos:

- debes centrarte en tu mejora
- tratar de intrigar al cliente para que se sienta atraído a saber más
- puede decir algunos defectos de la competencia sin mencionar nunca el nombre de la marca
- destaca los puntos fuertes del producto/servicio
- proporcione siempre testimonios y datos fidedignos, agarrarse a un clavo ardiendo en las ventas es inútil

Si consigues actuar de esta manera te aseguro que la balanza se inclinará siempre hacia ti, cuando el cliente perciba tu profesionalidad y el valor que transmites tus competidores empezarán a caer en el olvido. Si quieres ser un vendedor ganador tienes que actuar como un verdadero profesional, esta es la única manera.

# Meditación y rutina matutina para controlar el estrés y los estados de ansiedad

Mediante la meditación y el establecimiento de una rutina, podemos controlar los estados de estrés y ansiedad. Estos temas son muy "candentes" para los profesionales de las ventas, ya que a menudo tienen que gestionar muchas cosas al mismo tiempo o tienen que alcanzar objetivos importantes en un periodo determinado.

La meditación es un remedio excelente para gestionar estos estados de estrés y recomiendo acompañarla de una rutina matutina adecuada. ¿Qué quiero decir con una rutina matutina? Significa levantarse con una sonrisa porque disfrutas despertándote y no porque tienes que hacerlo. Este aspecto también enfatiza el amor que tienes por tu trabajo, si disfrutas con lo que haces nunca será una carga, y te puedo asegurar que no es poco.

### Más información sobre las oportunidades de la meditación...

Los sabios nos han dicho que para vivir bien hay que poseer equilibrio, no hay que verlo como algo que se obtiene, porque no es un diploma o un curso que nos da un certificado al final de las lecciones.

En realidad, ni siquiera un manual es suficiente, entonces ¿cómo se consigue? Bueno, muchos no son conscientes de que el equilibrio es una forma de vivir y no una forma de ser, lo aprendemos a través de las experiencias vitales y cada uno lo interioriza a su manera, ¡como siempre hay quien entiende la lección y quien no!

Otra palabra importante es "conciencia", no se puede relacionar con algo científico porque forma parte de nuestro instinto. La razón es simple, la ciencia nació para dar respuestas, cuando se ha encontrado una explicación se vuelve válida para todos. En el caso de la consciencia no es así, forma parte del tema de la investigación interior, no basta con entrenarse, también hay que desarrollar el equilibrio del que hablaba antes.

La conciencia no viene de fuera sino de dentro, se forma a través de nuestras experiencias vitales y muchos la llaman casi instintiva, porque una vez formada se convierte en parte de nuestro ser y la utilizamos de forma natural.

La meditación afirma esta presencia sobre todo en el momento presente, si mientras meditamos pensamos en otra cosa no nos beneficiaremos de ningún efecto. Hoy en día todos estamos más o menos acostumbrados a hacer mil cosas a la vez, mientras comemos pensamos en el partido de tenis, en el trabajo, en la compra, en la próxima salida con los amigos o en los zapatos que tanto nos gustan, pensando en estos términos si nos acordamos de lo que hemos comido no nos desanimamos.

Bromas aparte, lo que quiero decirte es que hoy en día casi nadie vive en el tiempo presente, ya sé que parece increíble, ¿verdad? Y sin embargo, el ejemplo que te acabo de poner lo demuestra. Cada vez que hacemos algo pensamos en otra cosa, nos proyectamos al pasado con los recuerdos o al futuro con todo lo que queremos hacer, y en el presente ¿quién está? Seguramente nuestro cuerpo está ahí, ¡pero los pensamientos "no" están en otra parte!

Meditar puede devolvernos a apreciar el presente para que dejemos de vivir distraídos. lo que digo también se puede aplicar al trabajo, si cuando estás con un cliente piensas en otra cosa o te distraes fácilmente, ¿cómo puedes concluir mejor la negociación?

La meditación nos permite observarnos a nosotros mismos, ahora que lo pienso, a través del proceso de observación a lo largo de la historia se han hecho descubrimientos extraordinarios, ¡imagina ahora lo que puedes descubrir sobre ti mismo observándote mejor!

Nunca hay que hacerlo a través de la lente del prejuicio, ya que puede contaminar hasta los pensamientos más nobles. Desde que somos niños, ya sea por cultura o por otra cosa, nadie nos enseña a mirarnos "por dentro", todos, empezando por nuestros padres, nos señalan cómo somos "por fuera", esta raíz errónea de la cultura nos quita parte de nuestra riqueza.

Durante un día cada uno de nosotros tiende a perderse todo el tiempo, nuestros pensamientos van a otra parte y nos distraemos todo el tiempo, muchos de nosotros ni siquiera nos damos cuenta de esto, pero puedo asegurarte que si empiezas a prestar atención a esto mañana empezarás a darte cuenta de lo cierto que es.

Aportar más consciencia a la propia vida también nos lleva a reconocer todos esos momentos en los que nos perdemos en un universo onírico. Desde pequeños crecemos en un sistema compuesto de hábitos, todo lo que aprendemos se instala en el inconsciente, si renunciamos a la consciencia todos estos comportamientos contribuirán a condicionarnos silenciosamente.

La meditación nos da la gran oportunidad de no hacer nada, estamos tan acostumbrados a hacer algo que pensar que tenemos que hacer poco o nada nos resulta difícil de comprender. Hoy en día es posible meditar de mil maneras, pero para que funcione hay que ser capaz de eliminar los pensamientos que nos distraen. ¿Cómo hacerlo? Sencillo, en cuanto percibimos una distracción la observamos y luego la dejamos ir, un poco como una nube.

La sociedad moderna está sobrecargada de estímulos y no tenemos tiempo para asimilarlo todo, ni siquiera sería productivo, igual que el cuerpo necesita descansar la mente también quiere desconectar de vez en cuando, y ese es precisamente el propósito de la meditación; ayudarnos a encontrarnos con nosotros mismos tomándonos un respiro del mundo.

¿Conoces un circuito? Cuando hay demasiada tensión se cortocircuita, lo mismo le pasa al ser humano. La tensión "nunca" viene de fuera, siempre viene de dentro.

Nos estresamos porque no sabemos darnos un límite, siempre que sucede culpamos a factores externos, pensamos que el jefe nos da demasiada responsabilidad, o, que nadie nos ayuda, lo cierto es que este malestar proviene de nuestro estilo de vida equivocado.

Nadie presta nunca atención a su espacio interior y tendemos a vivir al azar sólo para darnos cuenta de que las cosas no funcionan como nos gustaría.

Hoy en día, no son pocas las personas que se inician en la meditación, gracias en parte a una mayor disponibilidad de esta práctica que en el pasado. A partir de los años 50, el interés ha ido en aumento, gracias en parte a la llegada de la cultura zen, el yoga y el mindfulness.

La meditación se ha convertido cada vez más en una práctica común apreciada sobre todo por sus beneficios, y es por estas razones que la recomiendo porque puede ser realmente útil para encontrar el propio centro y vivir en armonía. Cuando tomas conciencia eres capaz de vivir mejor porque eres capaz de:

- Prestar una atención eficaz
- Mejorar la capacidad de concentración
- Mejorar la relajación psicofísica
- Evitar distracciones innecesarias

Meditar es una experiencia que nos ayuda a regenerarnos de todo lo que no podemos manejar, permitiéndonos recuperar una nueva conciencia.

**Establece una buena rutina...**

Cada uno tiene su propia rutina matutina. Si sigues siendo del tipo clásico que lo hace todo deprisa, te aconsejo que no sólo integres un ritmo pausado al despertarte, sino que establezcas una rutina que te haga apreciar todo lo que haces.

Las primeras horas después de despertarse tienen el poder mágico de condicionarnos durante todo el día, aprovechar al máximo este tiempo es decisivo en términos de productividad.

Hay que decir que no existe una rutina única, lo que es eficaz para mí puede no serlo para ti, así que te invito a crear tu propia rutina que te haga empezar con buen pie. ¿Qué podemos conseguir con una buena rutina?

- Puede ayudarnos a alcanzar nuestros objetivos
- Nos mejora el día
- Nos hace sentir enérgicos y satisfechos
- Mucho más...

La clave de todo es la planificación, tener una rutina desorganizada es como no tenerla. Pon el despertador a la hora que quieras, yo prefiero dos horas antes para poder dedicarme a lo que me hace sentir bien.

La mañana debe convertirse en tu tiempo, tú decides lo que quieres hacer con total libertad, yo por ejemplo la utilizo para leer lo que me gusta. ¡Así afrontarás el día con buen pie y de buen humor!

Resumiendo...

- Una buena rutina matutina es esencial para sentirte mejor, dar espacio a tus necesidades y deseos
- No existe un guión único para todos los casos.
- Si hay algo que siempre tiendes a posponer, éste es el momento de hacerlo.

# Testimonios de clientes satisfechos (Estudio de casos) opiniones de boca en boca

Los testimonios son cruciales cuando se quiere vender un producto o servicio. Tenga en cuenta que:

- Un cliente satisfecho genera un boca a boca positivo
- Es importante recabar opiniones de los clientes y no tener miedo a pedirlas
- Es muy probable que un cliente satisfecho nos dé referencias útiles

Las opiniones de nuestros clientes servirán entonces para demostrar la validez de lo que ofrecemos.

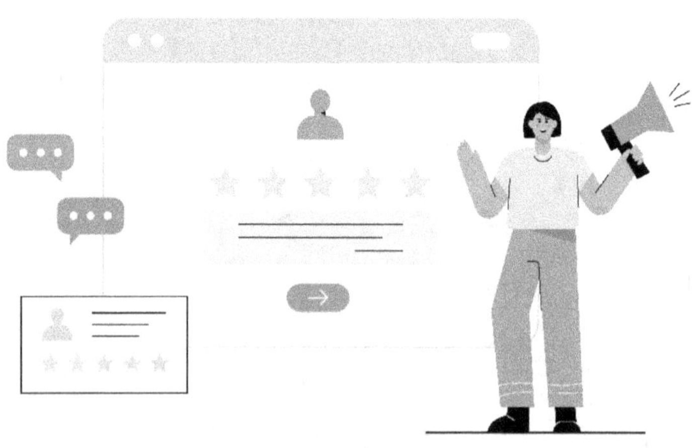

Muchas veces no se comprende bien la importancia de pedir una revisión, después de concluir una venta se pasa al siguiente cliente, sin dar la debida importancia a la satisfacción del cliente con la negociación concluida.

No pedir reseñas se debe a un sentimiento de vergüenza o al miedo a recibir una reseña negativa. Creo que no hay que dejarse llevar por estos estados de ánimo/miedos, si hemos hecho un buen trabajo no tenemos nada que temer.

Pedir una opinión al cliente debe convertirse en parte integrante de nuestro trabajo y, sobre todo, no debe hacerse al azar o de forma superficial.

La evaluación positiva o negativa nos permite entender qué aspectos hay que mejorar, como decía al principio del libro el proceso de venta no se acaba en la venta sino que va más allá, ya que tenemos que asegurarnos de que todo lo que le dijimos al cliente en la fase de negociación se cumple.

Hoy en día, las reseñas son muy importantes, basta con pensar en nuestro comportamiento de compra cuando no estamos familiarizados con un producto o servicio, lo primero que comprobamos son las reseñas porque queremos estar seguros de nuestra elección.

Las opiniones influyen en el comportamiento de compra de las personas. ¿Cuántas veces estamos dispuestos a comprar, pero una crítica negativa nos echa para atrás? No sólo afecta la reseña en sí, sino también el número y la calidad, que en algunos casos parece falsa.

Para recapitular, las reseñas ayudan:

- Dar a conocer nuestro producto o servicio

- Aumentar la credibilidad de la empresa para la que trabajamos
- Son una comunicación directa entre el cliente y la empresa, independiente de nuestra presencia, que actúa como filtro y contribuye a la satisfacción del cliente.
- Nos permite saber si nuestra estrategia está funcionando y en qué hay que trabajar.

Las reseñas en cierto modo ayudan a que nuestra marca sea más visible, el cliente en todo el proceso siempre debe ser considerado como la persona más importante y nunca como algo a dejar en un segundo plano. Cualquier empresa necesita reseñas, independientemente del producto, público objetivo, tiempo o precio, no hay ninguna empresa que pueda presumir de renunciar a este aspecto.

Además, tienes que tener en cuenta que las reseñas no sólo hacen que la gente hable de ti, sino que también te ayudan a mejorar la calidad del servicio que ofreces. No hay una única forma de pedir opiniones a los clientes, no siempre es posible llamarles a todos por teléfono y la tecnología, en cierto modo, nos ayuda en nuestro trabajo.

La llamada telefónica sigue siendo el tipo de contacto más importante, además del contacto cara a cara, porque comparado con todos los demás es el más directo. El cliente se siente mimado por nuestra atención, lo que puede contribuir a una evaluación positiva. En este sentido, no debemos regañarle, sino aprovechar el proceso natural de venta en el que le llamamos para saber si todo va bien, etc.

La llamada telefónica se convierte en básica en todas las formas de relación duradera entre el cliente y la empresa, a la que nunca hay que dejar sola (con tiempo y forma) tras el primer pedido.

El correo electrónico o los enlaces especiales también nos ayudan a recopilar reseñas. Los correos electrónicos en este caso pueden ser enviados después de un cierto período que el cliente ha hecho la compra, el tiempo debe ser adecuado para su evaluación, llamarlo para una revisión cuando ha tenido el producto por un día no tiene mucho sentido y podemos molestarlo con esta actitud.

Si las reseñas son importantes para la empresa, es bueno tener en cuenta que no todas tienen el mismo valor, en primer lugar, la simple reseña tiene menos peso que aquella en la que el cliente dedica parte de su tiempo a escribir un breve texto.

El texto redactado de cierta manera (sin exageraciones) también tiene más peso que la frase apresurada; "todo bien, profesional educado". Una buena crítica debe ajustarse a estas características:

- **Tiene que ser atribuible a una persona,** una opinión dejada por "Mario Rossi" tiene diferente peso que una dejada por "kikka73". Si se deja para nuestro sitio u otros canales es aconsejable pedir al cliente una pequeña foto, esto dará aún más peso a sus palabras, a la gente le gusta 'ver' quién está dejando su reseña.

- **Tiene que ser específica,** con el texto tienes que comunicar tu experiencia, los clientes que hacen esto dan valor a nuestro producto/servicio. Si recibimos una reseña que dice: 'todo bien, gracias', desde luego no la vamos a tirar a la basura, pero ¿estaría de acuerdo conmigo en que sirve de poco?

- **Debe destacar la solución a la necesidad,** el cliente compró nuestro producto/servicio porque fuimos capaces de identificar su necesidad. Si el texto, de forma concisa, consigue transmitir esto, la reseña será muy funcional para todos aquellos clientes que la lean y, en cierto modo, se verán incitados a comprarnos.

- **No tiene por qué ser exagerada,** ¿conoces esas reseñas que suenan como temas? Suelo ser cliente si me encuentro con una reseña escrita de este modo, la considero demasiado construida y paso a otra cosa. Un cliente medio y, sobre todo, "real" no va a escribir quinientas palabras sobre el producto, además, ni siquiera el comprador espera leer temas como reseñas.

- **La reseña debe contener el elemento que te diferencia.** Este punto va más allá del producto o servicio y se refiere a la aportación personal que hacemos con nuestro trabajo, si sabemos lo que nos diferencia del resto de vendedores debemos ser buenos haciendo que el cliente quede impresionado, para que seamos la elección de todos aquellos que aún no nos conocen pero quieren ponerse en contacto con nosotros por las razones que leen.

Si haces este trabajo seguro que has conseguido vencer tu timidez, si sabes que has seguido lo mejor posible las etapas de la venta con el cliente, no debes tener miedo de pedirle una revisión, ¡ya que es esencial hacer visible tu competencia y profesionalidad!

# ¿Por qué elegir ser vendedor?

Esta pregunta responde a razones muy subjetivas que no pueden ser las mismas para todo el mundo, pero en cualquier caso he decidido hablar de ello porque creo que es un tema importante.

El primer consejo que te daría es que encuentres tu porqué, no tienes que hacer este trabajo porque lo hace tu primo o tu amigo sino porque te gusta, te hace sentir bien, te da más libertad, etc.

En primer lugar, si quieres ser vendedor tienes que sentirlo dentro de ti, mis motivos para convertirme en vendedor están bien esbozados, puede que incluso te encuentres en los mismos motivos que yo.

Decidí ser vendedor porque este trabajo me da una gran libertad a la hora de gestionar mi horario, así como una gran flexibilidad. Uno puede arreglárselas según las citas o según otros factores.

Es un trabajo meritocrático, no hay favoritismos en este sector, lo que cuenta son los resultados que seamos capaces de generar y en función de ellos podemos aspirar a premios o ascensos varios.

Uno es capaz de cultivar el gusto por los retos y el deseo de superarse a sí mismo, hasta tal punto que se crea una sana competencia con los compañeros, que también sirve de estímulo para progresar cada vez más.

En comparación con otras profesiones, aquí existe la posibilidad de ganar más que el salario clásico que, aparte de las horas extraordinarias, suele ser siempre ese. Siempre es una cuestión de elecciones, no hay correcto o incorrecto, hay gente a la que le gusta hacer trabajos de oficina u otros trabajos cobrando un sueldo fijo, porque en este caso se intercambia tiempo por dinero, y los que deciden hacer un trabajo en el que puede haber mayores ganancias sin tener el riesgo empresarial sobre sus hombros, al menos al principio.

Un comercial suele tener una parte fija que sirve para cubrir gastos y una parte variable que varía en función de las ventas generadas y de las primas de empresa que siempre se pagan por méritos. La parte variable nos da la posibilidad de ganar más o incluso menos que en otros trabajos, depende mucho de nosotros y de lo que consigamos hacer. La posibilidad de conseguir ingresos atractivos sirve de incentivo para esforzarse y mejorar constantemente.

Además, el control del tiempo y de las finanzas nos da una mayor calidad de vida que en otros trabajos. El ambiente de trabajo también tiene su razón de ser, en ventas el clima siempre es más positivo que en otros sectores más estáticos.

El vendedor debe ser siempre positivo, es una cualidad necesaria si se quiere tener éxito, durante las citas ocurre que captamos la negatividad de los clientes, si además nos erigimos en derrotistas ¡los resultados no serán tan emocionantes!

La positividad es necesaria para poder convertir los muchos "no es" recibidos en "sí es", además, el clima dentro de la empresa siguiendo la estampa del optimismo se presta a la mejora de todos sus componentes. El entorno del vendedor es estupendo si sabes aprovechar todas las oportunidades que te puede brindar.

En gran medida, todo depende de nosotros.

# Reflexiones y conclusión

Hemos llegado al final de este viaje, en primer lugar si has llegado hasta aquí es que eres una persona curiosa, consciente de la importancia de la formación y tienes la determinación de llegar hasta el final.

Estas son las principales características que necesita un vendedor para poder realizar este trabajo con éxito. Gracias por su tiempo y espero que este libro le haya sido útil en su viaje.

También te recomiendo que sigas el curso en video lecciones que he creado en la plataforma *Udemy*, el nombre del curso está inspirado en el título de este libro, a saber; **Técnicas de Venta Exitosa.**

Antes de que puedas pasar página, te invito a que me dejes una **reseña**, tus pensamientos son importantes tanto para mí como para otras personas que quizás como tú no me conocieron al principio. Además, tus pensamientos contribuirán de alguna manera a crear valor y a certificar el trabajo que he realizado.

Como decía al principio, he querido plasmar en estas páginas mi experiencia como vendedor para ayudar a todas aquellas personas que quieren dar sus primeros pasos, o que ya conocen algún aspecto de este maravilloso mundo.

Con la esperanza de haberlo conseguido, te invito a seguir en contacto conmigo, también puedes seguirme en **Linkedin**.

**Te estaré esperando, ¡cuento con ello!**

*Antonio*